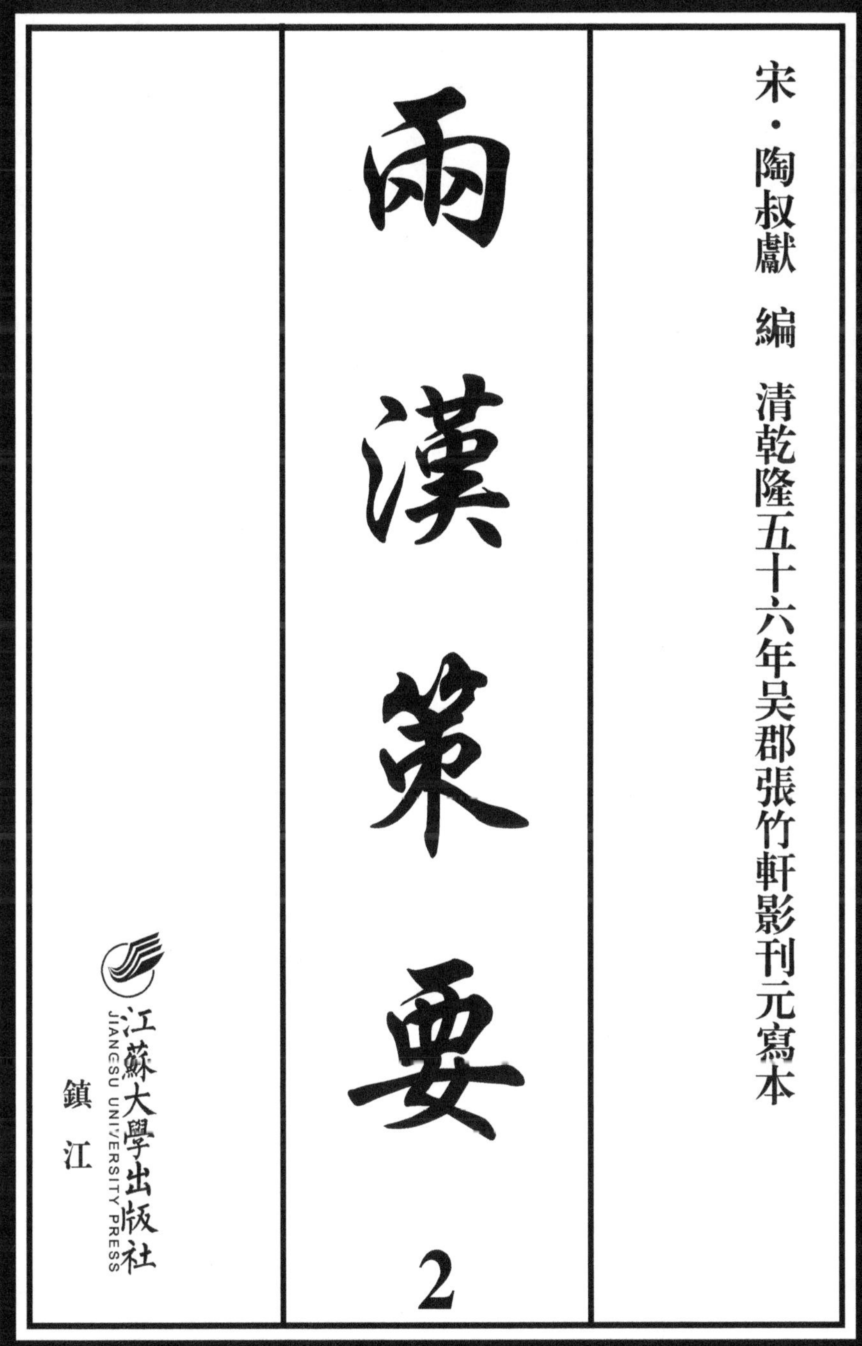

兩漢策要

2

宋·陶叔獻 編

清乾隆五十六年吴郡張竹軒影刊元寫本

江蘇大學出版社
JIANGSU UNIVERSITY PRESS
鎮江

第二册

兩漢策要卷之四

言災異

翼奉

字少君東海下邳人也治齊詩與蕭望之匡衡同師三人經術皆明衡為後進望之施之政事而奉惇學不仕好律歷陰陽之占元帝初即位諸儒薦之徵待詔宦者署數言事宴見天子敬焉時平昌侯王臨以宣帝外屬侍中稱詔欲從奉學其術奉不肯與言上封事

臣聞之於師治道要務在知下之邪正人誠鄉正雖愚爲用若乃懷邪知益爲害知下之術在於六情十二律而已北方之情好也好行貪狼申子主之東方之情怒也怒行陰賊亥卯主之貪狼必待陰賊而後動陰賊必待貪狼而後用

三陰並行是以王者忌子卯也禮經避之春秋諱焉南方之情惡也惡行廉正寅午主之西方之情喜也喜行寬大已酉主之二陽並行是以王者吉午酉也詩曰吉日庚午上方之情樂也樂行姦邪辰未主之下方之情哀也哀行公

亞戌丑主之辰未屬陰戌丑屬陽萬物各以其類應今陛下明聖虛靜以待物至萬事雖衆何聞而不諭豈況乎執十二律而御六情於以知下參實益亦優矣萬不失一自然之道也乃正月癸未日加申有暴風從西南來未主

姦邪申主貪狼風以大陰下抵逮前
是人主左右邪臣之氣也平昌侯比三来
見臣皆以正辰加邪時辰為客時為主
人以律知人情王者之秘道也愚臣誠
不敢以語邪人上以奉為中郎
上召問奉来者以善日邪時孰

與邪日善時

奉對曰師法用辰不用日辰爲客時爲主人見於明主侍者爲主人辰正時邪見者正侍者邪辰邪時正見者邪侍者正中正之見侍者雖邪辰時俱正大邪之見侍者雖正辰時俱邪即以

自知侍者之邪而時邪辰亚見者反邪即以自知侍者之亚而時正辰邪見者反正辰爲常事時爲一行辰蹤而時精其效同功必參三五觀之然後可知故曰察其所繇省其進退參之六合五行則可以見人性知人情難用外察

從中甚明故詩之爲學情性而已五性不相害六情更興廢觀性以歷觀情以律明主所宜獨用難與二人共也故曰顯諸仁藏諸用露之則不神獨行則自然矣唯奉能用之學者莫能行

勸學疏

匡衡 建昭三年代韋玄成為丞相封樂安侯食邑六百戶元帝崩成帝即位衡上疏戒妃匹勸經學威儀之則

曰陛下秉至孝哀傷思慕不絕於心未有游虞弋射之宴誠隆於慎終追遠無窮已也竊願陛下雖聖性得之

猶復加聖心焉詩云焭焭在疚言成王喪畢思慕意氣未能平也蓋所以就文武之業崇大化之本也臣又聞之師以妃配之際生民之始萬福之原昏姻之禮正然後品物遂而天命全孔子論詩以關雎為始言太上者民之

父母后夫人之行不倖乎天地則無以奉神靈之統而理萬物之宜故詩曰窈窕淑女君子好逑言能致其正淑不貳之操情欲之感無介乎容儀宴私之意不形乎動靜夫然後可以配至尊而爲宗廟主此綱紀之首王教之

端也自上世以來三代興廢未有不由
此者也顧陛下詳覽得失盛衰之効
以定大基采有德戒聲色近嚴敬遠
技能竊見聖德純茂專精詩書好
樂無厭臣衡材駑無以輔相善義宣
揚德音臣聞六經者聖人所以統天地

之心著善惡之歸明吉凶之分通人
道之正使不悖於其本性者也故審六
藝之指則天人之理可得而和草木
昆蟲可得而育此永永不易之道也
及論語孝經聖人言行之要宜究其
意臣又聞聖王之自為動靜周旋奉

天承親臨朝享臣物有節文以章人倫蓋欽翼祗栗事天之容也温恭敬遜承親之禮也正躬嚴恪臨衆之儀也嘉惠和説饗食下之顔也舉錯動作物遵其儀故形為仁義動為法則孔子曰徳義可遵容止可觀進退可

度以臨其民是以其民畏而愛之則

而象之大雅云敬慎威儀惟民之則

諸侯正月朝覲天子天子惟道德昭

穆穆以視之又觀以禮樂饗醴乃歸

故萬國莫不獲賜社福蒙化而成俗今

正月初幸路寢臨朝賀置酒以饗

萬方傳曰君子慎始願陛下留神動

靜之節使羣下得望盛德休光以

二（这）基禎（瀨）天下幸甚上敬納其言

奏記

李尋

按漢書翟方進傳綏和二年春熒惑守心尋奏記

言應變之權君侯所自明往者數白三光垂象變動見端山川水泉反理視患民人訛謠斥事感名三者既效可爲寒心今提揚眉矢貫中狼奮角弓且張金歷庫土逆度輔湛沒火守舍萬歲之期近慎朝暮上無惻怛濟世之功下無推讓避

賢之效欲當大位爲具臣以全身難矣

大責日加安得但保斥逐之戮闔府

三百餘人唯君侯擇其中與盡節變轉

凶

戒部刺史疏

薛宣字贛君東海郯人也少爲廷尉書佐都船獄史宣遷樂浪都尉丞幽州刺

史大將軍王鳳聞其能薦宣為長安令治果有名以明習文法詔補御史中丞成帝初即位宣為中丞執法殿中丞總部刺史乃上疏言

陛下至德仁厚哀憫元元躬有日昃之勞而無佚豫之樂允執聖道刑罰惟中然而嘉氣尚凝陰陽不和是臣下未稱而聖化獨有不治者也臣竊伏

思其端始〔汝台〕吏多苛政政教煩碎大率咎在部刺史或不循守條職舉錯各以其意多與郡縣事至開私門聽讒佞以求吏民過失譴訶及細微責義不量力郡縣相迫促亦內相刻流至衆庶是故鄉黨闕於嘉賓

之懽九族忘其親親之恩飲食周急
之厚彌衰送往勞来之禮不行夫
人道不通則陰陽否隔和氣不興
未必不由此也詩云民之失德乾餱
鄙語曰
以愆苛政不親煩苦傷恩方刺史奏
事時宜明申刺敕吏使昭然知本朝之

要務臣愚不知治道唯明主察焉

上嘉納之 宣數言政事便宜舉奏部刺史郡國二千石所貶退稱進白黑分明由是知名

上封事

王嘉 字公仲平陵人以明經射策甲科為郎鴻嘉中舉直言召見宣室對政事得失超遷太中大夫出為九江河南太守入為大鴻臚遷御史大夫

建平三年代平當爲丞相哀帝時董賢爲高安侯南陽太守孫寵爲方陽侯光祿大夫息夫躬爲宜陵侯後數月日食擧直言嘉奏上封事

臣聞咎繇戒帝舜曰無傲佚欲有國兢兢業業一日二日萬機箕子戒武王曰臣無有作威作福無有玉食臣之有（作威）作福玉食害于而家凶于而

國人用側頗僻民用僭慝言如此
則逆尊卑之序亂陰陽之統而害
及王者其國極危國人傾側不正民
用僭差不壹此君不由法度上下失
序之敗也武王躬履此道隆至成康
自是以後縱心恣欲法度陵遲至於

臣殺君子殺父父子至親失禮患生何
況異姓之臣孔子曰道千乘之國敬事
而信節用而愛人使民以時孝文皇
帝備行此道海內蒙恩爲漢太宗孝
宣皇帝賞罰明信施與有節記人
之功忽人小過以致治平孝元皇帝奉

承大業溫恭少欲都內錢四十萬〻
水衡錢二十五萬〻少府錢十八萬
萬嘗幸上林後宮馮貴人從臨獸
圈猛獸驚出貴人前當之元帝嘉
美其義賜錢五萬掖庭見親有
加賞賜屬其人勿衆謝示平惡偏重

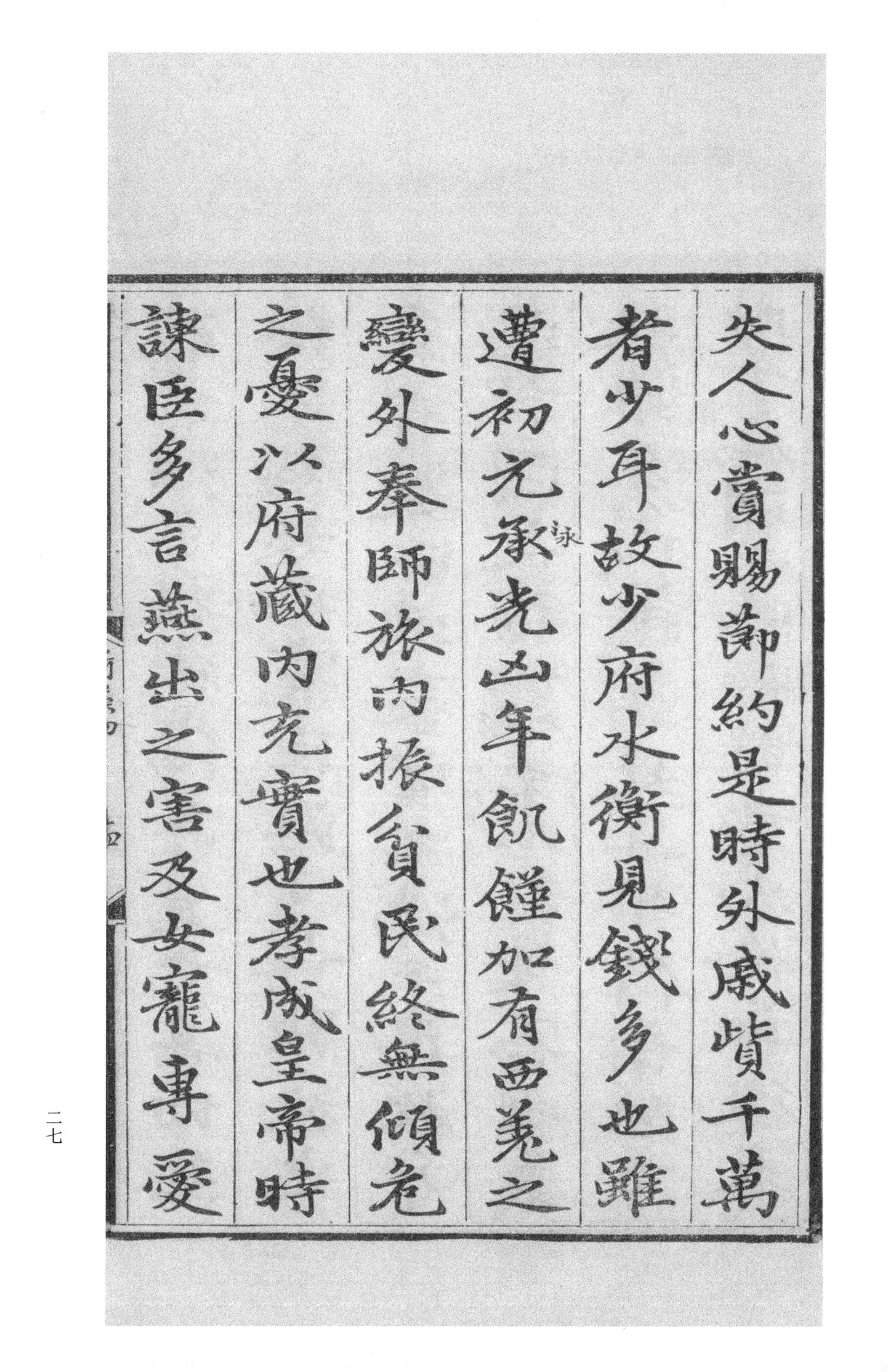

失人心賞賜節約是時外戚貲千萬者少耳故少府水衡見錢多也雖遭初元承光凶年饑饉加有西羌之變外奉師旅內振貧民終無傾危之憂以府藏內充實也孝成皇帝時諫臣多言燕出之害及女寵專愛

耽於酒色損德傷年其言甚切然終不怨怒也寵臣淳于長張放史育育數貶退家貲不滿千萬放斥逐就國長榜（音彭，笞也）（死於獄）不以私愛害公義故雖多內譏朝廷安平傳業陛下陛下在國之時好詩書尚儉節徵來

所過道上稱誦德美此天下所以回心也

初即位易帷帳去錦繡乘輿席緣

綈繒而已恭皇（哀帝父恭王也）寢廟比比當作

憂憫元元惟用度不足以義割恩輙

且止息今始作治而駙馬都尉董賢

亦起官寺上林中又為賢治大第開

門鄉北闕引王渠濯園地使者護作
賞賜吏卒甚於治宗廟賢母病長
安廚給祠具道中過者皆飲食為
賢治器器成奏御乃行或物好持賜
其工自貢獻宗廟三宮猶不至此三宮天子太后皇后
賢家有賓婚及見親諸官並共賜

及蒼頭奴婢人十萬錢使者護視發
取市物百賈震動道路諠譁群臣
惶惑詔書罷菀而以賜賢二千餘
頃均田之制從此隳壞奢僭放縱變
亂陰陽災異衆多百姓訛言持
籌（言行西王母籌）相驚被髮徒跣而走乘馬者

馳大惑其意不能自止或以為籌者策
失之戒也陛下素仁智慎事今而有此
天（汏）譏孔子曰危而不持顛而不扶則將
安用彼相矣臣嘉幸得備位竊內悲
傷不能遁（通）愚忠之信身死有益於國
不敢自惜惟陛下慎己之所獨鄉察

衆人之所共疑往者寵臣鄧通韓嫣（音偃）驕貴失度逸豫無厭小人不勝情欲卒陷罪辜亂國亡軀不終其祿所謂愛之適足以害之者也宜深覽前世以節賢寵全安其命

又上疏一首（哀帝初立欲匡成帝之政多所變動嘉上疏曰）

臣聞聖王之功在於得人孔子曰才難
不其然與故繼世立諸侯象賢也雖
不能盡賢天子爲擇臣立命卿以
輔之居是國也累世尊重然後士
民之衆附焉是以教化行而治功立
今之郡守重於古諸侯往者致選賢

才賢才難得拔擢可用者或起於
囚徒昔魏尚坐事繫文帝感馮唐
之言遣使［持］節赦其罪拜爲雲中太
守匈奴忌之武帝擢韓安國於徒中
拜爲梁內史骨肉以安張敞爲京兆
尹有罪當免黠吏知而犯敞敞收殺

之其家中冤使者覆獄劾敞賊殺

工逮捕不下會免亡命數十日宣帝徵敞拜為冀州刺史

人年獲其用前世非私此三人貪其

材器有益於公家也孝文時吏居官

者或長子孫以官為氏倉氏庫氏

則倉庫吏之後也其二千石長吏亦

安官樂職然後上下相望莫有苟

且之意其後稍〻變易公卿以下傳
相促急又數改更政事司隸部刺史
察過悉劾發揚陰私吏或居官數
月而退送故迎新交錯道路中材苟
容求全下材懷危內顧一切營私者
多二千石益輕賤吏民慢易之或

持其微過增加成罪言於刺史司隸
或至上書章下衆庶知其易危小失
意則有離畔之心前山陽無徒蘇令
等從橫吏士臨難莫肯伏節死義
以守相威權素奪也孝成皇帝悔之
下詔書二千石不爲縱遣使者賜金慰

厚其意誠以為國家有急取辦於
二千石二千石尊重難危乃能使下
孝宣皇帝愛其良民吏有章劾事留
中會赦一解故事尚書希下章為煩
擾百姓證驗繫治或死獄中章文
必有敕告之字乃下唯陛下留神於

擇賢記善忘過容忍臣子勿責以備二千石部刺史三輔縣令有材任職者人情不能不有過差宜可闊略令盡力者有所勸此方今急務國家之利也天子納而用之

聖主得賢臣頌

王襃 宣帝神爵五鳳之間天下殷富數有嘉應上頗作歌詩興協律之事益州刺史王襄奏襃有軼才上乃徵襃既至詔襃為聖主得賢臣頌

襃對曰夫荷旃被毳者難與道純綿之麗密羹藜含糗者不足與論太牢之滋味今臣辟在西蜀生於窮巷

之中長於蓬茨之下無有遊觀廣覽之
知顧有至愚極陋之累不足以塞厚望
應明指雖然敢不略陳愚心而抒情
素記曰共惟春秋法五始之要在乎審
己正統而已夫賢者國家之器用也
所任賢則趨舍省而功施普器用利

則用力少而就效衆故工人之用鈍器

也勞筋苦骨終日矻矻及至巧冶鑄干

將之樸清水淬其鋒越砥斂其咢水

斷蛟龍陸剸犀革忽若彗氾畫塗

如此則使離婁督繩公輸削墨雖崇

臺五增延袤百丈而不溷者工用相

得也庸人之御駑馬亦傷吻敝策而不進於行匈喘膚汗人極馬倦及至駕齧膝驂乘旦王良執靶韓哀附輿縱騁馳騖忽如景靡過都越國蹶如歷塊追奔電逐遺風周流八極萬里一息何其遼哉人馬相得也

故服絺綌之涼者不苦盛暑之鬱
燠襲狐貉之暖者不憂至寒之悽
愴何則有其具者易其備賢人君子
亦聖王之所以易海內是以嘔喻受之
開寬裕之路以延天下之英俊也夫竭
智附賢者必建仁策索遠求士者

必樹伯迹昔周公躬吐握之勞故有
圄空之隆齊桓設庭燎之禮故有
匡合之功由此觀之君人者勤於求
賢而逸於得人人臣亦然昔賢者之
未遭遇也圖事揆策則君不用其
謀陳見悃誠則上不然其信進仕

不得施效斥逐又非其愆是故伊尹
勤於鼎俎太公困於鼓刀（屠牛於朝歌也）百里自
鬻甯子飯牛離此患也及至遇明君
遭聖主也運籌合上意諫諍則見
聽進退得関(關)其忠任職得行其術
去卑辱奥渫而升本朝離蔬釋蹻

而享膏粱符錫壤而光祖考傳之子孫以資說士故世必有聖知之君而後有賢明之臣故虎嘯而冽風龍興而致雲蟋蟀俟秋吟蜉蝣出以陰易曰飛龍在天利見大人詩曰思皇多士生此王國故世平主聖俊乂將自至

若堯舜禹湯文武之君獲稷契皐陶伊尹呂望之臣明明在朝穆穆布列聚精會神相得益章雖伯牙操遞鍾逢門子彎烏號猶未足以喻其意也故聖主必待賢臣以弘功業俊士亦俟明主以顯其德上下俱欲

歡然交欣千載一會論說無疑翼乎如鴻毛遇順風沛乎若巨魚縱大壑其得意如此則胡禁不止曷令不行化溢四表橫被無窮遐夷貢獻萬祥必臻是以聖主不徧窺望而視已明不殫傾耳而聽已聰恩從

祥風翺德與和氣游太平之責塞優
游之望得遵遊自然之勢恬淡無
爲之場休徵自至壽考無疆雍容
垂拱永永萬年何必偃仰屈伸若
彭祖呴嘘呼吸如喬松眇然絶俗
離世哉詩曰濟濟多士文王以寧蓋信

乎其以寧也是時上頗好神仙故褒對

及之頌之權褒爲諫大夫

奏䟽一首

貢禹元帝即位徵禹爲諫大夫數虛己問以政事是時年歲不登郡國多困

禹奏言古者宮室有制宮女不過九人

秣馬不過八匹牆塗而不琱木摩而不
刻車輿器物皆不文畫苑囿不過
數十里輿民共之任賢使能什一而
税無他賦斂繇戍之役使民歲不過
三日千里之内自給千里之外各置貢
職而已故天下家給人足頌聲並作

至高祖孝文孝景皇帝循古節儉
宮女不過十餘廄馬百餘匹孝文皇
帝衣綈履革器無雕文金銀之飾
後世爭為奢侈轉〻益甚臣下亦相
倣效衣服履袴刀劒亂於主上主上
時臨朝入廟衆人不能別異甚非其

宜然非自知奢僭也猶魯昭公曰吾何僭矣今大夫僭諸侯諸侯僭天子天子過天道其日久矣承襲救亂矯復古化在於陛下臣愚以爲盡如太古難宜少放古以自節焉論語曰君子樂節禮樂方今宫室已定無

可柰何矣其餘盡可減損故時齊三
服官輸物不過十笥方今齊三服官
作工各數千人一歲費數鉅萬蜀廣
漢主金銀器歲各用五百萬三工宮（官）
官費五千萬東西織室亦然廄馬
食粟將萬匹臣禹嘗從之東宮見

賜杯案盡文畫金銀飾非當所以
賜食臣下也東宮之費亦不可勝計
天下之民所爲大飢餓死者是也今
民大飢而死死又不葬爲犬豬（所）食人
至相食而廐馬（食粟）苦其大肥氣盛怒至
乃曰步作之王者受命於天爲民父

毋圖當若此爭唯陛下深察古道
從其儉者大減損乘輿服御器物
三分去二子產多少有命審察後宮
擇其賢者留二十人餘悉歸之廄
馬無過數十匹獨舍長安城南苑地
以爲田獵之囿自城西南至山西至

鄭皆復其田以與貧民方今天下飢
饉可無大自損減以救之稱天意乎
天生聖人蓋為萬民非獨使自娛樂
而已也故詩曰天難諶斯不易惟王
上帝臨女毋二（貳）爾心當仁不讓獨可以
聖心參諸天地揆之往古不可與臣

下議也若其阿意順旨隨君上下臣
禹不勝拳拳不敢不盡愚心天子納善
其忠乃下詔令大僕減食穀馬水衡
減食肉獸省宜春下苑以與貧民又
罷角抵諸戲及齊三服官遷禹為
光祿大夫

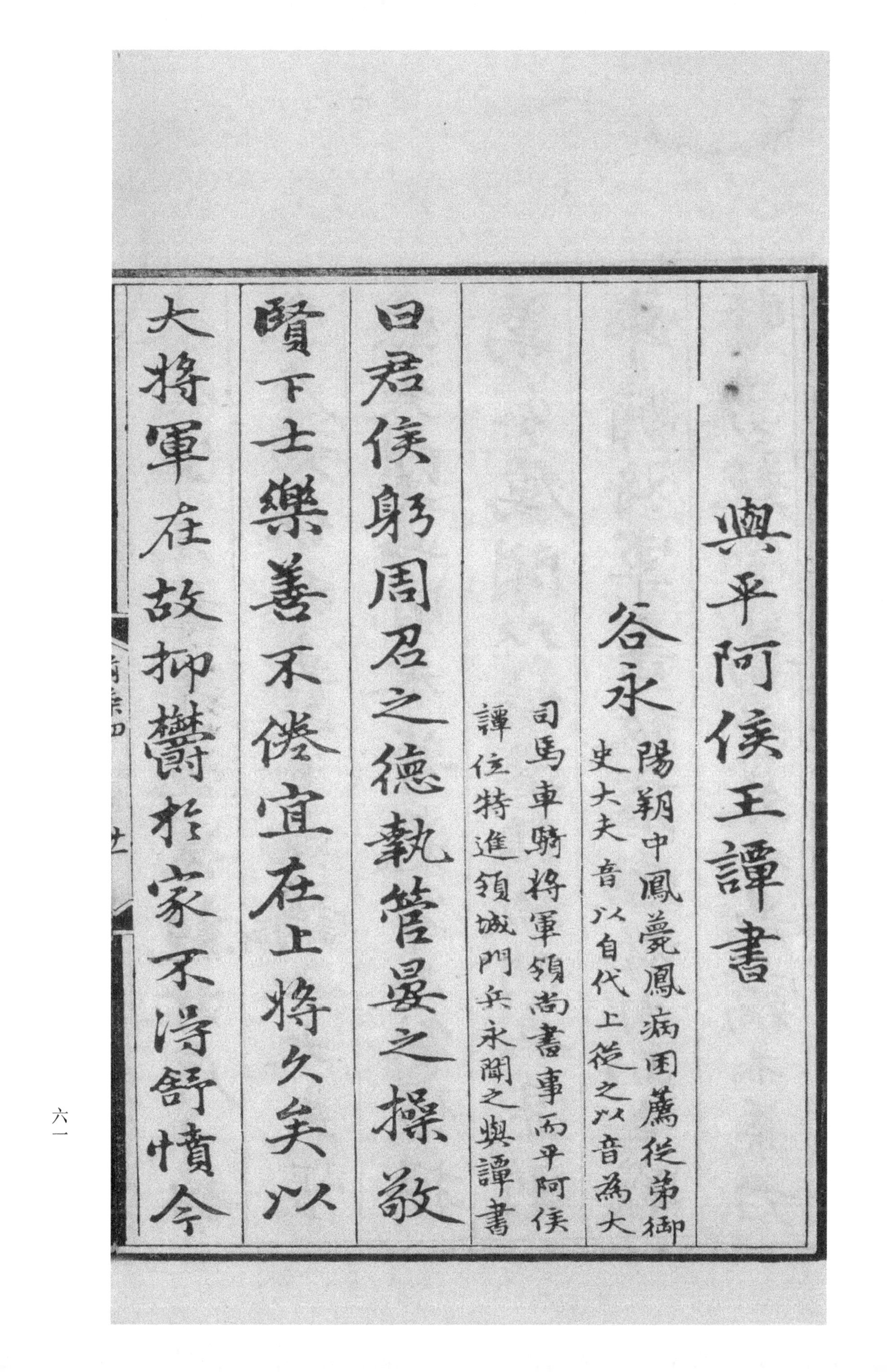

與平阿侯王譚書

谷永 陽朔中鳳薨鳳病困薦從弟御史大夫音以自代上從之以音爲大司馬車騎將軍領尚書事而平阿侯譚位特進領城門兵永聞之與譚書

曰君侯躬周召之德執管晏之操敬賢下士樂善不倦宜在上將久矣以大將軍在故抑鬱於家不得舒憤今

大將軍不幸早薨累親隷序才（材）能
宜在君侯拜吏之日京論（師）士大夫悵
然失望出啗永等愚劣不能褒揚
萬分屬聞以特進領城門兵是則
車騎將軍秉政雍容於内而至戚
賢舅執管籥於外也愚竊不爲君

侯喜宜深辭職自陳淺薄不足以
固城門之守收太伯之讓保謙謙之路
闔門高枕為知者首願君侯與博
覽者參之小子為君侯安此譚得其
書（大獄）遂辭讓不受領城門職由是譚
章（湆音）相與不平永遠為郡吏恐為章（湆音）

所危病滿三月免

毋將隆書一首 哀帝即位侍中董賢方貴上發武庫兵送董賢及上乳母王阿舍

隆奏言武庫兵器天下公用國家武備繕治造作皆度大司農錢大司農錢自乘輿不以給共養共養勞賜

壹出少府盖不以本藏給末用不以
民力供浮費別公私示正路也古者
諸侯方伯得顓征伐乃賜斧鉞漢家邊
吏職在距寇亦賜武庫兵皆任其
事然後蒙之春秋之義家不藏甲
所以抑臣威損私力也今賢等便僻

弄臣私恩徽妾而以天下公用給其私門契（取也）其（國）威器共其家備民力分於弄臣武兵設於徽妾建立非宜以廣驕僭非所以示四方也孔子曰奚取於三家之堂臣請收還武庫上不說

天文災異對

李尋 字子長平陵人也獨好洪範災異又學天文月令陰陽哀帝初即位問以災異尋對之

書云天聰明蓋言紫宮極樞通位帝紀太微四門廣開大道五經六緯尊術顯士翼張舒布燭臨四海少

徽處士爲此爲輔故次帝廷女宮在後聖人象天賢賢易色取法於此天宮（涫）上相上將皆顓面正朝憂責甚重要在得人得人之效成敗之機不可不勉也昔秦穆公說諓諓之言任仡仡（音乙 勇皃）之勇身受大辱社稷幾亡悔過自

責思惟黄髮任用百里奚辛伯西域
德列王道二者禍福如此可不慎哉
夫士者國家之大寶功名之本也將
軍一門九侯二十朱輪漢興已来臣
子貴盛未嘗至此夫物盛必衰自然
之理雖有賢友彊輔庶幾可以保

身命全子孫安國家書曰曆象日月星辰此言仰視天文俯察地理觀日月消息候星辰行伍揆山川變動參人民繇俗以制法度考禍福舉錯誖逆咎敗將至徵兆爲之先見明君恐懼修正側身博問轉禍爲福不可

救者即蓄備以待之故社稷無憂竊
見往者赤黃四塞地氣大發動土竭
民天下擾亂之徵也彗星爭明庶雄為
桀大寇之引也此二者已頗效矣城中
訛言大水奔走上城朝廷驚駭女
孽入宮此獨未效間者重以水泉涌

溢旁宮闕仍出月太白入東井犯積
水缺天淵日數湛於極陽之色羽氣乘
宮起風積雲又錯以山崩地動河不
用其道盛冬雷電潛龍爲孽繼以
隕星流彗維塡上見日蝕有背鄉
此亦高下易居洪水之徵也不憂不

政洪水乃欲盪滌流彗乃欲掃除
政之則有年無期故屬者頗有變
政小賊邪滑日月光精時雨氣應此
皇天祐漢無已也何況致大政之宜
急博求幽隱拔擢天士天士知天道者任以大
職諸闒茸佞讇抱虛求進及用殘

賊黠雇聞者若此之徒啗嫉善憎忠懷天文敗地理涌趯邪陰趯与躍同湛音沉溺大陽爲主結怨於民宜以時廢退不當濟居位誠恐行之凶災銷滅子孫之福不旋日而至政治感陰陽猶鐵炭之低卬見效可信者也及諸蓄

水連泉務通利之修舊堤防省池澤稅以助損邪陰之盛按行事考變易訛言之效未嘗不至請徵韓放椽（緣）周敞王望可與圖之

災異對

李尋

哀帝初即位召尋待詔黃門使侍中衛尉傅喜問尋間者水出

地動日月失度星辰亂行災異仍重極言無有所諱

尋對曰陛下聖德尊天敬地畏命重民悼懼變異不忘疏賤之臣章使重臣臨問愚臣不足以奉明詔竊見陛下新即位開大明除忌諱博延名士靡不並進臣尋位卑術淺過隨衆

賢待詔食大官衣御府久汚玉堂之
署比得召見無以自效復特見延問
至誠自以逢不世出之命願竭愚心
不敢有所避庶幾萬分有一可采
唯棄須臾之間宿留瞽言考之文
理稽之五經揆之聖意以參天心夫變

異之來各應象而至臣謹條陳所聞
易曰縣象著明莫大乎日月夫日者
衆陽之長輝光所燭萬里同晷人
君之表也故日將旦清風發群陰伏
君以臨朝不牽於色日初出炎以陽
君登朝佞不行忠直進不蔽障日中

輝光君德盛明大臣奉公日將入專
以一君就房有常節君不修道則日
失其度晻昧無光各有云為其於東
方作日初出時陰雲邪氣起者法為
牽於女謁有所畏難日出後為近
臣亂政日中為大臣欺誣日且入為

妻妾役使所營間者日尨不精光明侵奪失色邪氣珥蜺數作本起於晨相連至昏其日出後至日中間差瘉小臣不知內事竊以日視陛下志操衰於始初多矣其咎恐有以守正直言而得罪者傷嗣害世

不可不慎也唯陛下執乾剛之德強志守度毋聽女謁邪臣之態諸保阿乳母甘言悲辭之託斷而勿聽勉強大誼絕小可（不）忍良有不得已可賜以貨財不可私以官位誠皇天之禁也日失其光則星辰放流陽不能制

陰陰禁淂作閒者太白正晝經天宜隆德克躬以孰不執臣閒月者衆陰之長銷息見伏百里爲品千里立表萬里連紀妃后大臣諸侯之象也朔晦正終始弦爲繩墨望成君德春夏南秋冬北閒者月數以春夏

與日同道過軒轅上后受氣入太微帝廷揚光輝犯上將近臣列星皆失色厭〻如滅此爲母后與政亂朝陰陽俱傷兩不相便外臣不知朝事竊信天文即如此近臣已不足杖矣屋大柱小可爲寒心雖陛下親求賢士無彊

所惡以崇社稷尊彊本朝臣聞五星
者五行之精五帝司命應王者號令
爲之節度歲星主歲事爲統首號令
今所紀令失度而盛此君指意欲有
所爲未得其節也又塡星不避歲星
者
后帝共政相留於奎婁當以義斷之

熒惑往来無常周歷兩宫作態低卬入天門上明堂貫尾亂宫太白發越犯庫兵寇之應也貫黄龍入帝庭當門而出隨熒惑入天門至房而分欲與熒惑為患不敢當明堂之精此陛下神靈故禍亂不成也熒惑厥

弛佞巧依勢徽言毀譽進類嚴善
太白出端門臣有不臣者火入室金
上堂不以時解其憂凶填星相守又
主內亂宜察蕭牆之內毋忽親疏之
徽誅放佞人防絕萌芽以盪滌濁濊
消散積惡毋使得成禍亂星辰主正

四時當效於四仲四時失序則辰星作異今出於歲首之孟天所以譴告陛下也政急則出蚤政緩則出晚政绝不行則伏不見而為彗孛四孟皆出為易王命四季皆出星家所諱今章獨出寅孟之月蓋皇天所以篤

右陛下宜深自改治國故不可以威之欲速則不達經曰三載考績三考黜陟加以號令不順四時既往不咎来事之師也閒者春三月治大獄時賊陰立逆恐歲小收季夏舉兵法時寒氣應恐後有霜雹之災秋月行

封爵其月土濕奥恩後月有雷電之
變夫人以喜怒賞罰而不顧時禁雖
有堯舜之心猶不能致和善言天
者必有效於人設上農夫而欲冬田
肉袒深耕汗出種之然猶不生者非
人心不至天時不得也易曰時止則止

時行則行動靜不失其時其道光明書曰敬授民時故古之王者尊天地重陰陽敬四時嚴月令順之以善政則和氣可立致猶枹鼓之相應也今朝廷忽於時月之令諸侍中尚書近臣宜皆令通知月令之意設

羣下請事若陛下出令有謬於時者當知爭之以順時氣臣聞五行以水爲本其星玄武婺女天地所紀終始所生水爲準平王道公正脩明則百川理落脉通偏黨失綱則涌溢爲敗云

書曰水曰潤下陰動而卑不失其道

則河出圖洛出書故河洛決溢所為最大今汝穎畎澮皆川水漂涌與雨水並為民害此詩所謂爗爗震電不寧不令百川沸騰者也其咎在於皇甫卿士之屬唯陛下留意詩人之言少抑外親大臣臣聞地道柔靜

陰之常義也地有上中下其上位震應妃后不順中位應大臣作亂下位應庶民離畔震或於其國國君之咎也四方中央連國歷州俱動者其異最大間者關東地數震五星作異亦未大逆宜務崇陽抑陰

以救其咎圖志建威閉絶私路拔進
英俊退不任職以彊本朝夫本彊
則精神折衝本弱則招殃致凶爲
邪謀所陵聞往者淮南王作謀之
時其所難者獨有汲黯以爲公孫
弘等不足言也弘漢之名相於今無

比而尚見輕何況無弘之屬乎故曰朝廷無人則為賊亂所輕其道自然也天下未聞陛下奇策固守之臣也語曰何以知朝廷之象人人自賢不務於通人故世陵夷馬不伏歷不可以趍道士不素養不可以重國詩曰濟濟多士

文王以寧孔子曰十室之邑必有忠信非虛言也陛下秉四海之衆曾無柱榦之固守關於四境殆闕之不廣取之不明勸之不篤傳曰士之美者善養禾君之明者善養士人皆可使爲君子詔書進賢良赦小過無求備以博

襃英俊如近世貢禹以言事忠切蒙
尊榮當此之時士厲身立名者多
禹死之後日日以衰及京兆尹王章
坐言事誅滅智者結舌邪僞並興
外戚顓命君臣隔塞至絶繼嗣女宮
作亂此行事之敗誠可畏而悲也本

在積任姆后之家非一日之漸往者不可及來者猶可追也先帝大聖深見天意昭然使陛下奉承天統欲矯亟之也宜少抑外親選練左右舉有德行道術通明之士充備天官然後可以輔聖德保帝位承大宗下

至郎吏從官行能無以異又不通一藝及博士無文雅者宜皆使就南畝以視天下明朝廷皆賢材君子於以重朝尊君滅凶致安此其本也臣自知所言害身不辟死亡之誅唯陛下留神反覆愚臣之言

兩漢策卷之四

兩漢策卷之五

論六家指要（陰陽儒墨名法道德）

司馬談（太史公學天官於唐都）

易大傳天下一致而百慮同歸而殊塗夫陰陽儒墨名法道德此務為治者也直所從言之異路有省不省

耳嘗竊觀陰陽之術大詳而衆
忌諱使人拘而多畏然其叙四時
之大順不可失也儒者博而寡要勞
而少功是以其事難盡然其叙君臣
父子之禮列夫婦長幼之別不可易
也墨者儉而難遵是以其事不徧

循然其彊本節用不可廢也法家
嚴而少恩然其正君臣上下之分不
可改也名家使人儉而善失真然其
正名實不可不察也道家使人精
神專一動合無形贍足萬物其爲
術也因陰陽之大順采儒墨之善撮

名法之要與時遷徙應物變化立
俗施事無所不宜指約而易操事
少而功多儒者則不然以為人主天
下之儀表也君唱臣和主先臣隨如
此則主勞而臣佚至於大道之要去
徤羨黜聰明釋此而任術夫神大用

則竭形大勞則敝神形蚤衰欲與
天地長久非所聞也夫陰陽四時八
位十二度二十四節各有教令曰順
之者昌逆之者亡未必然也故曰使人
拘而多畏夫春生夏長秋收冬藏此
天道之大經也弗順則無以為天下紀

綱故曰四時之大順不可失也夫儒以六藝爲法六藝經傳以千萬數累世不能通其學當年不能究其禮故曰愽而寡要勞而少功若夫列君臣父子之禮序夫婦長幼之別雖百家弗能易也墨者亦上堯舜言其

德行曰堂高三尺土階三等茅茨不翦採椽不斲飯土簋歠土刑簋盛飯刑盛羹糲粱之食藜藿之羹夏日葛衣冬日鹿裘其送死桐棺三寸舉音不盡其哀教喪禮必以此爲萬民率故天下法若此則尊卑無別也夫世

異時移事業不必同故曰儉而難遵也要曰彊本節用則人給家足之道也此墨子之所長雖百家不能廢也法家不別親疏不殊貴賤壹斷於法則親親尊尊之恩絶矣可以行一時之計而不可長用也故曰嚴

而少恩若尊主卑臣明職分不得
相踰越雖百家不能改也名家苛
察繳繞使人不得反其意剸決於
名時失人情故曰使人儉而善失真
若夫控名責實參伍不失此不可不
察也道家無為人曰無不為其實易

行其辭難知其術以虛無為本以因循為用無成勢無常形故能究萬物之情不為物先後故能為萬物主有法無法因時為業有度因物與舍（廢也）故曰聖人不巧時變是守虛者道之常也因者君之綱也羣臣並

至使各自明也其實中其聲者謂之端實不中其聲者謂之款款言不聽姦乃不生賢不肖自分黑白乃形〻在所欲用耳何事不成乃合大道混〻冥〻光輝天下復反無名凡人所生者神也所託者形也神大用

則竭形大勞則敝形神離則死死者不可復生離者不可復合故聖人重之由此觀之神者生之本形者生之具不先定其神形而曰我有以治天下何由哉天子始建漢家之封而太史公留滯周南雒陽也不得與從事

發憤且卒而子遷適反見父於河雒
之間太史公執遷手而泣曰予先周室
之太史也自上世嘗顯功名虞夏典
天官事後世中衰絶於予乎汝復
爲太史則續吾祖矣今天子接千歲
之統封泰山而予不得從行是命也夫

命也夫予死爾必為太史為太史無忘
吾所欲論著矣且夫孝始於事親
中於事君終於立身揚名於後世
以顯父母此孝之大也夫天下稱周公
言其能論歌文武之德宣周召之
風達大王王季思慮爰及公劉以

尊后稷也幽厲之後王道缺禮樂
衰孔子修舊起廢論詩書作春
秋則學者至今則之自獲麟以来
四百有餘歲諸侯相兼史記放絶
今漢興海内一統明主賢君忠臣義
士予爲太史而不論載廢天下之文

予甚懼焉爾其念哉遷俯首流涕
曰小子不敏請悉論先人所次舊文
不敢闕卒三歲而遷爲太史令紬史
記石室金鐀之書五年而當太初元
年十一月甲子朔旦冬至天歷始改
建於明堂諸神受記太史公曰先人

有言自周公卒五百歲而有孔子孔子至于今五百歲有能紹而明之正易傳繼春秋本詩書禮樂之際意在斯乎意在斯乎小子何敢攘古讓字也焉

上大夫壺遂曰昔孔子爲何作春秋哉

太史公曰余聞之董生周道廢孔子

為魯司寇諸侯害之大夫壅之孔子知時之不用道之不行也是非二百四十二年之中以為天下儀表貶諸侯討大夫以達王事而已矣子曰我欲載之空言不如見之行事之深切著明也春秋上明三王之道下辨人事之

經紀別嫌疑明是非定猶與善善
惡惡賢賢賤不肖存亡國繼絕世
補敝起廢王道之大者也易著天地
陰陽四時五行故長於變化禮紀綱
人倫故長於行書記先王之事故長於
政詩記山川谿谷禽獸草木牝牡雌

雄故長於風樂樂所以立故長於和
春秋辯是非故長於治人是故禮以
節人樂以發和書以道事詩以達
意易以道化春秋以道義撥亂世
反之正莫近於春秋春秋文成數
萬其指數千萬物之散聚皆在春

秋春秋之中弑君三十六亡國五十二諸侯奔走不得保社稷者不可勝數察其所以皆失其本已故易曰差之毫釐繆以千里故臣弑君子弑父非一朝一夕之故其漸久矣有國者不可以不知春秋前有讒而不見後有賊

而不知爲人臣者不可以不知春秋守經事而不知其宜遭變事而不知其權爲人君父者而不通於春秋者必蒙首惡之名爲人臣子不通於春秋之義者必陷篡弒誅死之罪其實皆以善爲之而不知不義被之

空言不敢辭夫不通禮義之指至於君不君臣不臣父不父子不子君不君則犯臣不臣則誅父不父則無道子不子則不孝此四行者天下之大過也以天下大過予之受而不敢辭故春秋者禮義之大宗也夫禮

禁未然之前法施已然之後法之所爲用易見而禮之所爲禁者難知盡遂曰孔子之時上無明君下不得任用故作春秋垂空文以斷禮義當一王之法今夫子上遇明天子下得守職萬事既具咸各序其宜夫

子所論欲以何明太史公曰唯唯否否唯唯謙辭否否不通不然予聞之先人曰伏羲至純厚作易八卦堯舜之盛尚書載之禮樂作焉湯武之隆詩人歌之春秋采善貶惡推三代之德褒周室非獨刺譏而已也漢興以來至明天子

獲符瑞封禪改正朔易服色受命於穆清澤流罔極海外殊俗重譯款塞請来獻見者不可勝道臣下百官力誦聖德猶不能宣盡其意且士賢能矣而不用有國者恥也主明聖德不布聞有司之過也且

余掌其官廢明主聖德不載滅功臣賢大夫之業不述墮先人所言罪莫大焉余所謂述故事整齊其傳非所謂作也而君比之春秋謬矣於是論次其文十年而遭李陵之禍幽於縲紲喟然而歎曰是余之夫

身黜不用矣退而深惟曰夫詩書隱約者欲遂其志之思也卒述陶唐以来至于麟止武帝獲麟遷以為述事之端自黄帝始惟漢繼五帝末流接三代絶業周道既廢秦撥去古文焚滅詩書故明堂石室金鐀玉版圖籍散亂漢興蕭

何次律令韓信申軍法張蒼為章程
叔孫通禮儀則文學彬〻稍進詩書
往〻間出自曹參薦蓋公言黄老而
賈誼鼂錯明申韓公孫弘以儒顯
百年之間天下遺古事靡不畢集
太史公仍父子繼纂其職曰於戲

余維先人嘗掌斯事顯於唐虞至于周復典之故司馬氏世主天官至于余乎欽念哉罔羅天下放失舊聞王迹所興原始察終見盛觀衰論考之行事略三代錄秦漢上記軒轅下至于茲著十二本紀既科條之

矣並時異世年代不明作十表禮樂損益律歷改易兵權山川鬼神天人之際承敝通變作八書二十八宿環北辰三十輻共一轂運行無窮輔弼股肱之臣配焉忠信行道以奉主上作三十世家扶德俶儻不令已

失時立功名於天下作七十列傳凡百三十篇五十二萬六千五百字爲太史公書序略以拾遺補闕藝成一家言協六經異傳齊百家雜語藏之名山副在京師以俟後聖君子

上封禪書

司馬相如相如既病免家居茂陵天子曰司馬相如病甚可往從悉取其書若後失之矣所忠往而相如已死家無遺書問其妻對曰長卿未嘗有書也時時著書人又取去長卿未死時為一卷書曰有使來求書奏之其遺禮書言封禪事所忠奏焉天子異之

伊上古之初肇自顥穹生民歷選列
辟以迄乎秦率邇者踵武聽逖者

風聲紛輪威蕤垔滅而不稱者不可勝數也繼昭夏崇號謚略可道者七十有二君圖若淵而不昌疇逆失而能存軒轅之前遐哉邈乎其詳不可得聞已五三六經載籍之傳維見可觀也書曰元首明哉股肱良哉

因斯以談君莫盛於堯舜臣莫賢於后稷后稷創業於唐公劉發迹於西戎文王改制爰周郅隆大行越成而后陵遲幾微千載無聲無惡聲豈不善始善終哉然無異端慎所由於前謹遺教於後耳故執迹夷易易遵也

盡恩厖洪易豐也憲度著明易則

也垂統理順易繼也是以業隆於

繈保而崇貫乎二后揆厥所元終都

攸卒未有殊尤絕迹可考於今也然

猶躡梁甫登太山建顯號施尊名

大漢之德逢涌原泉沕潏曼羨旁

魄四塞雲布霧散上暢九垓下泝八
埏懷生之類沾濡浸潤協氣橫流武
節猋逝迩陜游原迴闊泳末首惡鬱
沒闇昧昭晰昆蟲闓懌回首面內
然後囿騶虞之珍羣徼麋鹿之
怪獸導一莖六穗於包犧雙觡共

抵之獸獲周餘放龜于岐招翠黃
乘龍於沼鬼神接靈圉賓於閒
館奇物譎詭俶儻窮變欽哉符
瑞臻茲猶以爲薄不敢道封禪蓋
周躍魚隕杭休之以燎微夫斯之爲
符也以登介丘不亦惡乎進攘之道

何其爽與於是大司馬進曰陛下仁育
群生義征不譓諸夏樂貢百蠻執
贄德侔往初功無與二休烈浹洽符
瑞衆變期應紹至不特創見意者
太山梁父設壇場望幸蓋號以況
榮上帝垂恩儲祉將以慶成陛下

謙讓而弗發也挈二神之歡鈌王道之儀群臣恧焉（音衄，斷也）或爲且天爲質闇示珎符固不可辭若然辭之是泰山靡記而梁甫罔幾也亦各並時而榮咸濟厥世而屈說者尚何稱於後而云七十二君哉夫脩德以錫符奉以衍事不為進越也故聖主弗替而脩禮地祇謁款天神勒功中岳以章至尊舒盛德發號榮受厚福以浸黎民皇皇哉斯事天下之壯觀王者之卒業不可貶也願陛下全之而后因雜縉紳先王之略術使獲曜日月之永光絕

炎以展采錯事猶無正列其義袪飾厥文作春秋一藝將襲舊六爲七攟之無窮俾萬世得激清流揚徽波蜚英聲騰茂實前聖之所以永保鴻名而常爲稱首者用此宜命掌故悉奏其儀而覽焉於是天子沛

然改容曰俞乎朕其試哉乃遷思迴
慮總公卿之議詢封禪之事詩大澤
之博廣符瑞之富遂作頌曰自我天
覆雲之油油甘露時雨厥壤可游滋
液滲漉何生不育嘉穀六穗我穡
曷蓄匪雅雨之又潤澤之匪唯偏我

汜希護之萬物熙〻懷而慕之名山
顯位望君之来君兮君兮俟不邁哉
般〻音班之獸樂我君圃白質黑章
其儀可喜旼〻音旻穆〻君子之態蓋
聞其聲今視其来厥塗靡從天瑞
之徵茲爾於舜虞氏以興濯〻之麟

游彼靈畤孟冬十月君祖郊祀馳我君輿帝用享祉三代之前蓋未嘗有宛宛黄龍興德而升采色玄耀煥炳煇煌正陽顯見覺悟黎烝於傳載之云受命所乘厥之有章不必諄諄依類託寓諭以封巒披藝觀之

天人之際已交上下相發允荅聖主之事兢兢翼翼故曰於興必慮衰安必思危是以湯武至尊嚴不失肅祗舜在假典顧省厥遺此之謂也相如既卒五歲上始祭后土八年而遂禮中岳封于太山至梁甫禪肅然

封泰山

倪寬千乘人也遷左內史先是司馬相如病死有遺書頌功德言符瑞足以封泰山上問寬

陛下躬發聖德統集羣元宗祀天地薦禮百神精神所鄉徵兆必報天地並應符瑞昭明其封泰山禪梁父

昭告考瑞帝王之盛節也然享薦之義不著于經以爲封禪告成合袪開散也於天地神祇祗戒精專以接神明總百官之職各稱事宜而爲之節文惟聖王所由制定其當非羣臣之所能列今將舉大事優游數年使群

臣得人自盡終莫能成唯天子建中和之極兼總條貫金聲而玉振之以順成天慶垂萬世之基上然之乃自制儀采儒術以文焉

汾陰得寶鼎

吾丘壽王

汾陰得寶鼎武帝嘉之薦見宗廟藏於甘泉宮群臣皆上壽賀曰陛下得周鼎壽王獨曰非周鼎上聞之召而問之曰今朕得周鼎群臣皆以為然壽王獨以為非何也有說則可無說則死壽王對曰臣安敢無說

臣聞周德始乎后稷長於公劉大於
太王成於文武顯於周公德澤上昭
天下漏泉無所不通上天報應鼎爲
周出故名曰周鼎今漢自高祖繼周
亦昭德顯行布恩施惠六合和同至
於陛下恢廓祖業功德愈盛天瑞

並至珎祥畢見昔秦始皇親出於
彭城而不能得天祚有德而寶鼎自
出此天之所以與漢乃漢鼎非周寶
也上曰善羣臣皆稱萬歲是日賜壽
王黃金十斤

與朱邑書

張敞

明主遊心太古廣延茂士此誠忠臣竭思之時也值敞遠守劇郡馭於編墨匈臆約結固無奇也雖亦有安所施足之下以清明之德掌周稷之業猶飢者甘糟穰歲餘粱肉何則有無之

勢異也昔陳平雖賢須魏倩而後
進韓信雖奇賴蕭公而後信故事
各達其時之英俊若必伊尹呂望而
後進之則此人不因足之下而進矣邑感
敵言貢薦賢士大夫多得其助
婁敬上便宜漢三年戍隴西過雒陽高帝在馬敬脫輓輅白齊人虞將軍

曰臣願見上言便宜將軍入言上召見賜食已而問敬

敬說曰陛下都雒陽豈欲與周比隆哉上曰然敬曰陛下取天下與周異周之先自后稷堯封之邰積德累善十餘世公劉避桀居豳大王以狄伐故去豳杖馬箠去居岐國人爭歸之及文

王爲西伯斷虞芮訟始受命呂望伯夷自海來歸之武王伐紂不期會盂津上八百諸侯遂滅殷成王即位周公之屬傅相焉乃營成周都雒以爲此天下中諸侯四方納貢職道里均矣有德則易以王無德則易以亡

凡居此者欲令務以德致人不欲阻險令後世驕奢以虐民也及周之衰分而為二天下莫朝周周不能制非德薄形勢弱也今陛下起豐沛收卒三千人以之徑往卷蜀漢定三秦與項籍戰滎陽大戰七十小戰四十使天下之民

肝腦塗地父子暴骸中野不可勝數哭泣之聲不絶傷夷者未起而欲比隆成康之時臣竊以爲不侔矣且夫秦地被山帶河四塞以爲固卒然有急百萬之衆可具因秦之故資甚美膏腴之地此所謂天府陛下入關而

都之山東雖亂秦故地可全而有也夫與人鬬不搤其亢而拊其背未能全勝今陛下入關而都按秦之故此亦搤天下之亢而拊其背也高帝問羣臣皆山東人爭言周王數百年秦二世則亡不如都周上疑未能決及留

侯明言入關便即日車駕西都關中於是上曰本言都秦地者婁敬婁者劉也賜姓劉氏拜爲郎中號曰奉春君

蕭望之上疏 翟禹親屬宿衛內侍地節三年夏京師雨雹望之因是上疏

對曰春秋昭公三年大雨雹是時季

氏專權卒逐昭公鄉使魯君察於天變宜無此害今陛下以聖德居位思政求賢堯舜之用心也然而善祥未臻陰陽不和是大臣任政一姓擅勢之所致也附枝大者賊本心私家盛者公室危唯明主躬萬機選同

姓舉賢材以爲腹心與參政謀令公卿大臣朝見奏事明陳其職以考功能如是則庶事理公道立姦邪塞私權廢矣對奏天子拜望之爲諫者

又上疏是時選博士諫大夫通政事者補郡國守相以望之爲平原太守望之雅意在本朝遠爲郡守内不自得乃上疏

曰陛下哀憫百姓恐德化之不究悉出諫官以補郡吏所謂憂其末而忘其本也朝無爭臣則不知過國無達士則不聞善願陛下選明經術溫故知新通於幾微謀慮之士以爲內臣與參政事諸侯聞之則知陛下納

諫憂政無有闕遺若此不息成康之道其庶幾乎外郡不治豈足憂哉書聞徵入守少府宣帝察望之經明持重論議有餘材任宰相欲詳試政事復以爲左馮翊望之從少府出爲左遷恐有不合意即移病上聞

之使金安上諭意曰所用皆吏治民以
考功君前爲平原太守日淺故復
試之於三輔非有所聞也望之即視事

議一首

曰民函陰陽之氣有仁義欲利之心

在教化之所助堯在上不能去民欲利之心而能令其欲利不勝其好義也雖桀在上不能去民好義之心而能令其好義不勝其欲利也故堯桀之分在於義利而已道民不可不慎也令欲令民量粟以贖罪如此則富

者獨生貧者獨死是貧富異刑而法不一也人情貧窮父兄囚執闌出財得以生活爲人子弟者將不顧死亡之患敗亂之行以赴財利求救親戚一人得生十人以喪如此伯夷之行壞公綽之名滅政教一傾雖有

周召之佐恐不能復古者藏於民
不足之則取有餘則與詩曰爰及矜
人哀此鰥寡上惠下也又曰雨我公
田遂及我私下急上也今有西邊之
役民失作業雖戶賦口歛以贍其困
乏古之通義百姓莫以為非以死救

生恐未可也陛下布德施敎敎化既
成堯舜無以加也今議開利路以傷
既成之化臣竊痛之遂不施敎議望
之爲左馮翊京師稱之

兩漢筞要卷之五

兩漢萘要卷之六

說丞相申屠嘉

爰盎 字絲其父楚人也遷齊相徙爲吳相辭行逢丞相申屠嘉下車拜謁丞相從車上謝盎還媿其吏乃之丞相舍上謁求見丞相良久乃見因跪曰願請閒丞相曰使君所言公事之曹与長史掾議之吾且奏之

説曰君爲相國度孰與陳平絳侯賢丞相曰不如益曰善君自謂弗如夫陳平絳侯輔翼高帝定天下爲將相而誅諸吕存劉氏君乃爲材官厥張還爲隊帥積功至淮陽守非有奇計攻城野戰之功且陛下從代来

每朝郎官者上書疏未嘗不止輦
受其言不可用置之言可采未嘗不
稱善何也欲以致天下賢英士大夫
曰聞所不聞以益聖而君自閉箝
天下之口而日益愚夫以聖主責愚
相君受禍不久矣盎相乃再拜曰嘉

鄙人迺不知將軍章教引與入坐爲上客

報任安書

司馬遷 字子長河内人也益州刺史任安字少卿與遷書責以進賢之義遷以此書報之

少卿足下曩者辱賜書教以慎於

一七四

接物推賢進士爲急務意氣勤勤懇懇若望僕不相師用而流俗人之言僕非敢如此也僕雖罷駑亦嘗側聞長者之遺風矣顧自以爲身殘處穢動而見尤欲益反損是以獨抑鬱而無誰語諺曰誰爲爲之

孰令聽之蓋鍾子期死伯牙終身不復鼓琴何則士爲知己用女爲說己容若僕太質已虧缺雖才懷隨和行若由夷終不可以爲榮適足以發笑而自點耳書辭宜荅會東從上來又迫賤事相見日淺卒卒

無以須臾之間得竭指意今少卿抱不測之罪涉旬月迫季冬僕又薄從上上雍恐卒然不可諱是僕終已不能舒憤懣以曉左右則長逝者魂魄私恨無窮請略陳固陋闕然不報幸勿過僕聞之脩身者

智之府也愛施者仁之端也取予者
義之符也恥辱者勇之決也立名者
行之極也士有此五者然後可以託
於世列於君子之林矣故禍莫憯於
欲利悲莫痛於傷心行莫醜於辱
先而詬莫大於宮刑刑餘之人無

所比數非一世也所從來遠矣昔衞靈公與雍渠載孔子適陳商鞅因景監見趙良寒心同子參乘爰絲變色自古而恥之夫中才之人事關於宦豎莫不傷氣況慷慨之士乎如今朝廷雖乏之人柰何令刀鋸

之餘薦天下豪俊哉儻賴先人緒業得待罪輦轂下二十餘年矣所以自惟上之人不能納忠效信有奇策材力之譽自結明主次之又不能拾遺補闕招賢進能顯巖穴之士外之不能備行伍攻城野戰有斬將搴旗

之功下之不能累日積勞取尊官厚祿以爲宗族交游光寵四者無一遂苟合取容無所短長之效可見於此矣鄉者僕亦嘗廁下大夫之列陪外廷末議不以此時引綱紀盡思慮今已虧形爲掃除之隸在闒茸之中乃

欲卬首信眉論列是非不亦輕朝廷羞當世之士乎嗟乎嗟乎如僕尚何言哉尚何言哉且事本末未易明也僕少負不羈之才長無鄉曲之譽主上幸以先人之故使得奉薄技出入周衛之中僕以爲戴盆何以望天

故絶賔客之知忘室家之業日夜思
竭其不肖之材力務壹心營職以求
媚於主上而事乃有大謬不然者夫
僕與李陵俱居門下素非相善也趣
舍異路未嘗銜盃酒接殷勤之歡
然僕觀其爲人自奇士事親孝與

士信臨財廉取予義分別有讓恭儉下人常思奮不顧身以徇國家之急其素所蓄積也僕以爲有國士之風夫人臣出萬死不顧一生之計赴公家之難斯已奇矣今舉事一不當而全軀保妻子之臣隨而媒蘖其短僕

誠私心痛之且李陵提步兵不滿五
千深踐戎馬之地足歷王庭垂餌
虎口橫挑彊胡仰億萬之師與單
于連戰十餘日所殺過當虜救死
扶傷不給旃裘之君長咸震怖乃
悉徵左右賢王舉引弓之民一國共

攻而圍之轉鬬千里矢盡道窮救兵不至士卒死傷如積然李陵一呼勞軍士無不起躬流涕沬血飲泣張空拳（音拳 空弓）冒白刃北首爭死敵陵未没時使有來報漢公卿王侯皆奉觴上壽後數日陵敗書聞主上爲之

食不甘味，聽朝不怡，大臣憂懼，不知所出。僕竊自料其卑賤，見主上慘悽怛悼，誠欲效其款款之愚。以爲李陵素與士大夫絶甘分少，能得人之死力，雖古名將不過也。身雖陷敗，彼觀其意，且欲得其當而報漢，事

已無可柰何其所摧敗功亦足以暴
於天下僕懷欲陳之而未有路適會
召問即以此指推言陵功欲以廣主
上之意塞睚眦之辭未能盡明明主
不深曉以為僕沮貳師而為李陵游
說遂下於理拳拳之忠終不能自列因

為誣上卒從吏議家貧財賂不足以自贖交游莫救左右親近不為一言身非木石獨與法吏為伍深幽囹圄之中誰可告訴者此正少卿所親見僕行事豈不然邪李陵既生降隤其家聲而僕又茸以蠶室重為

天下觀笑悲夫悲夫事未易一二為俗人言也僕之先人非有剖符丹書之功文史星歷近乎卜祝之間固主上所戲弄倡優畜之流俗之所輕也假令僕伏法受誅若九牛亡一毛與螻蟻何異而世又不能與死節者

比特以為智窮罪極不能自免卒就死耳何也素所自樹立使然人固有一死死有重於太山或輕於鴻毛用之所趨異也太上不辱先其次不辱身其次不辱理色其次不辱辭令其次詘體受辱其次易服受辱

其次關木索被箠楚受辱其次鬄毛髮嬰金鐵受辱其次毀肌膚斷支體受辱最下腐刑極矣傳曰刑不上大夫此言士節不可不厲也猛虎處深山百獸震恐及其在穽檻之中搖尾而求食積威約之

漸也故士有畫地為牢勢不入削木為吏義不對定計於鮮也今交手足受木索暴肌膚受榜箠幽於圜牆之中當此之時見獄吏則頭搶地視徒隸則心惕息何者積威約之勢也及已至此言不辱者所

謂彊顏耳曷足貴乎且西伯伯也
拘牖里李斯相也具五刑淮陰王也
受械於陳彭越張敖南鄉稱孤繫
獄具罪絳侯誅諸呂權傾五伯囚
於請室魏其大將也衣赭關三木季
布爲朱家鉗奴灌夫受辱居室此

人皆身至王侯將相聲聞鄰國及
罪至罔加不能引決自財在塵埃之
中古今一體安在其不辱也由此言
之勇怯埶也彊弱形也審矣曷足
怪乎且人不能蚤自財繩墨之外已
稍陵夷至於鞭箠之間乃欲引節

不亦遠乎古人所以重施刑於大夫者殆爲此也夫人情莫不貪生惡死念親戚顧妻子至激於義理者不然乃有不得已也今僕不幸蚤失二親無兄弟之親獨身孤立少卿視僕於妻子何如哉且勇者不必死節

怯夫慕義何處不勉焉僕雖怯耎
欲苟活亦頗識去就之分矣何至自
湛溺縲紲之辱哉且夫臧獲婢妾猶
能引決況若僕之不得已乎所以隱
忍苟活函糞土之中而不辭者恨私
心有所不盡鄙沒世而文采不表於

後也古者富貴而名磨滅不可勝
記唯俶儻非常之人稱焉蓋西伯
拘而演周易仲尼厄而作春秋屈原
放逐乃賦離騷左丘失明厥有國語
孫子臏脚兵法脩列不韋遷蜀世
傳呂覽韓非囚秦說難孤憤詩三

百篇大抵賢聖發憤之所爲作也此人皆意有所鬱結不得通其道故述往事思来者及如左丘明無目孫子斷足終不可用退論書策以舒其憤思垂空文以自見僕竊不遜近自託於無能之辭網羅天下放失舊聞

攷之行事稽其成敗興壞之理凡百三十篇亦欲以究天人之際通古今之變成一家之言草創未就適會此禍惜其不成是以就極刑而無愠色僕誠已著此書藏之名山傳之其人通邑大都則僕償前辱之責雖

萬被戮豈有悔哉然此可爲知者道難爲俗人言也且負下未易居下流多謗議僕以口語遇遭此禍重爲鄉黨戮笑汙辱先人亦何面目復上父母之丘墓乎雖累百世垢彌甚耳是以腸一日九回居則忽忽若有所亡出

則不知所如往每念斯恥汗未嘗不發背霑衣也身直爲閨閤之臣寧得自引深藏於巖穴邪故從俗浮湛與時俯仰以通其狂惑今少卿乃教以推賢進士無乃與僕之私指謬乎今雖欲自彫瑑曼辭以自解無益於

俗不信祇自取辱耳要之死日然後是非乃定書不能盡意故略陳固陋

東方朔設客難論

辭曰客難東方朔曰蘇秦張儀一當萬乘之主而都卿相之位澤及後世今子大夫脩先王之術慕聖人之義

諷誦詩書百家之言不可勝數著於竹帛脣腐齒落服膺而不釋好學樂道之效明白甚矣自以智能海內無雙則可謂博聞辯智矣然悉力盡忠以事聖帝曠日持久官不過侍郎位不過執戟意者尚有遺行

邪同胞之徒無所容居其故何也東方先生喟然長息仰而應之曰是固非子之所能備也彼一時也此一時也豈可同哉夫蘇秦張儀之時周室大壞諸侯不朝力政爭權相禽以兵并為十二國未有雌雄得士者彊失士者

之故談說行焉身處尊位珍寶充
内外有廩倉澤後世子孫長享今
則不然聖帝流德天下震懾諸侯
賓服連四海之外以爲帶安於覆盂
動猶運之掌賢不肖何以異哉遵
天人之道順地之理物無不得其所

故綏之則安動之則苦尊之則為將卑之則為虜抗之則在青雲之上抑之則在深泉之下用之則為虎不用則為鼠雖欲盡節效情安知前後夫天地之大士民之衆竭精談說並進輻湊者不可勝數悉力募之困

於衣食或失門戶使蘇秦張儀與僕並生於今之世曾不得掌故安敢望常侍郎乎故曰時異事異雖然安可以不務脩身乎哉詩云鍾鼓于宮聲聞于外鶴鳴于九皋聲聞于天茍能脩身何患不榮太公體行

仁義七十有二乃設用於文武得信厥說封於齊七百歲而不絕此士所以日夜孳孳敏行而不敢怠也譬若鶺鴒飛且鳴矣傳曰天不為人之惡寒而輟其冬地不為人之惡險而輟其廣君子不為小人之匈匈而易其

行天有常度地有常形君子有常行君子道其常小人計其功詩云禮義之不愆何恤人之言故曰水至清則無魚人至察則無徒冕而前旒所以蔽明黈（音畦）纊（音曠）充耳所以塞聰明有所不見聰有所不聞舉大德赦小

過無求於一人之義也枉而直之使自得之優而柔之使自求之揆而度之使自索之蓋聖人教化如此欲自得之自得之則敏且廣矣今世之豪士魁然無徒廓然獨居上觀許由下察接輿計同范蠡忠合子胥天

下和平與義相扶寡偶少徒固其宜也子何疑於我哉若夫燕之用樂毅秦之任李斯酈食其之下齊說行如流曲從如環所欲必得功若丘山海內之國家安是遇其時也子又何怪之邪語曰以管窺天以蠡測

海以筳撞鍾豈能通其條貫考其文理發其聲音哉由是觀之譬猶鼱鼩音精劬鼩名也之襲犬狐豚之咋音乍語声虎至則靡耳何功之有今以下愚而非處士雖欲勿困固不得已此適足以明其不知權變而終惑於大道也

司馬相如 字長卿蜀郡成都人也藉蜀父老爲辭

辭曰漢興七十有八載德茂存乎六世威武紛紜湛恩汪濊群生霑濡洋溢乎方外於是乃命使西征隨流而攘風之所被罔不披靡因朝冉從駹定莋存邛略斯榆舉苞蒲結

執還轅東鄉將報至于蜀都耆老大夫搢紳先生之徒二十有七人儼然造焉辭畢進曰蓋聞天子之於夷狄也其義羈縻勿絕而已今罷三郡之士通夜郎之塗三年於茲而功不竟士卒勞倦萬民不贍今又接

之以西夷百姓力屈恐不能卒業此
亦使者之累也竊為左右患之且夫
邛筰西僰之與中國並也歷年茲多
不可記已仁者不以德來強者不以
力并意者始不可乎今割齊民以
附夷狄弊所恃以事無用鄙人固

陋不識所謂使者曰烏謂此乎必若所云則是蜀不變服而已不化俗也僕尚惡聞若說然斯事體大固非觀者之所觀也余之行急其詳不可得聞已請爲大夫粗陳其略蓋世必有非常之人然後有非常之

事有非常之事然後有非常之功非常者固常人之所異也故曰非常之元黎民懼焉及臻厥成天下晏如也昔者洪水沸出氾濫衍溢民人升降移徙崎嶇而不安夏后氏戚之乃堙洪原決江疏河灑沈澹

災東歸之於海而天下永寧當斯之
勤豈惟民哉心煩於慮而身親其
勞躬傶胼胝無胈膚不生毛故休烈
顯乎無窮聲稱浹乎于茲且夫賢
君之踐位豈特委瑣握齪（音皁）拘文牽
俗循誦習傳當世取說云爾哉必將

崇論竑議創業垂統為萬世規故
馳騖乎兼容并包而勤思乎參天
貳地且詩不云乎普天之下莫非王
土率土之濱莫非王臣是以六合之
內八方之外浸滛衍溢懷生之物有不
浸潤於澤者賢君恥之今封疆之內

冠帶之倫咸獲嘉祉靡有闕遺矣而夷狄殊俗之國遼絶異黨之域舟車不通人迹罕至政教未加流風猶微內之則犯義侵禮於邊境外之則邪行橫作放殺其上君臣易位尊卑失序父兄不辜幼孤爲奴虜

係彙號泣內鄉而怨曰蓋聞中國有至仁焉德澤恩普物靡不得其所今獨曷為遺已舉踵思慕若枯旱之望雨盭音隸夫為之垂涕況乎上聖又烏能已故北出師以討強胡南馳使以誚勁越四面風德二方之

君鱗集仰流頤得受號者以億計

故乃闢沫若徼牂柯鏤靈山梁孫

原創道德之塗垂仁義之統將博

恩廣施遠撫長駕使蹤跡不閑昒

音忽明旦爽闇昧得燿乎光明以偃甲兵

於此而息伐於彼遐邇一體中外禔

音提

福不亦康乎夫拯民於沉溺奉至尊之休德反衰世之陵夷繼周氏之絕業天子之急務也百姓雖勞又惡可以已哉且夫王者固未有不始於憂勤而終於佚樂者然則受命之符合在於此方將增太山之封加梁

父之事鳴和鑾揚樂頌上咸五下登
三觀者來觀指聽者來聞音猶焦
朋已翔乎寥廓而羅者猶視乎藪
澤悲夫於是諸大夫茫然喪其所
懷來失厥所以進喟然並稱曰允哉

淮南王劉安上書諫伐閩越

諫曰陛下臨天下布德施惠緩刑罰薄賦斂哀鰥寡恤孤獨養耆老振匱乏盛德上隆和澤下洽近者親附遠者懷德天下攝然人安其生自以没身不見兵今聞有司舉兵將以誅越臣安竊爲陛下重之

越方外之地劗音茁髮文身之民也不
可以冠帶之國法度理也自三代之
盛胡越不與受正朔非強弗能制也
以為不居之地不牧之民不足以煩中
國也故古者封內甸服封外侯服侯
衛賓服蠻夷要服戎狄荒服遠近

勢異也自漢初定已来七十二年吳越人相攻擊者不可勝紀然天子未嘗舉兵而入其地也臣聞越非有城郭邑里也處谿谷之間篁竹之中習於水鬬便於用舟地深昧而多水險中國之人不知其勢阻而入其地雖百

不當其一得其地不可郡縣也攻不
可暴取也以地圖察其山川要塞相
去不過寸數間獨數百千里阻險林
叢茀能盡著視之若易行之甚難
天下賴宗廟之靈方內大寧戴白之
老不見兵革民得夫婦相守父子相

保陛下之德也越人名為藩臣貢酎之奉不輸大内一卒之用不給上事自相攻擊而陛下發兵救之是反以中國而勞蠻夷也且越人愚戇輕薄負約反覆其不用天子之法度非一日之積也一不奉詔舉兵誅之臣恐後

兵革無時得息也閒者數年歲比不登民待賣爵贅子以接衣食賴陛下德澤振救之得毋轉死溝壑四年不登五年復蝗民生未復今發兵行數千里資衣糧入越地輿轎而踰領拕舟而入水行數百千里來以

深林叢竹水道上下擊石林中多
蝮蛇猛獸夏月暑時嘔泄霍亂
之病相隨屬也曾未施兵接刃死
傷者心衆矣前時南海王反陛下先
臣使將軍間忌將兵擊之以其軍降
處之上淦音甘後復反會天暑多雨樓船

卒水居擊櫂未戰而疾死者過半
親老涕泣孤子謼（音呼）破家散業迎尸
千里之外裹骸骨而歸悲哀之氣數
年不息長老至今以為記曾未入其
地而禍已至此矣臣聞軍旅之後必
有凶年言民之各以其愁苦之氣薄

陰陽之和感天地之精而災氣爲之生也陛下德配天地明象日月恩至禽獸澤及草木一人有飢寒不終其年而死者爲之悽愴於心今方内無狗吠之警而使陛下甲卒死亡暴露中原霑漬山谷邊境之民爲之旱

閑晏闕朝不及夕臣安竊爲陛下重之不習南方地形者多以越爲人衆兵彊能難邊城淮南全國之時多爲邊吏臣竊聞之與中國異限以高山人迹絶車道不通天地所以隔外内也其入中國必下領水山峭峻漂石破

舟不可以大船載食糧下也越人欲爲變必先田餘干界中積食糧乃入伐材治船邊城守候誠謹越人有入伐材者輒收捕焚其積聚雖百越柰邊城何且越人緜力薄材不能陸戰又無車騎弓弩之用然而不可入者以

保地險而中國之人不能其水土也臣聞越甲卒不下數十萬所以入之五倍乃足之輓車奉饟（音讓 餽食）者不在其中南方暑溼近夏癉熱暴露水居蝮蛇蠚（音郝 螫也）生疾疢多作兵未血刃而病死者什二三雖舉越國而虜之不足以

償所亡臣聞道路言閩越王弟甲弑而殺之甲以誅死其民未有所屬陛下若欲來内處之中國使重臣臨存施德垂賞以招致之此必攜幼扶老以歸聖德若陛下無所用之則繼其絶世存其亡國建其王侯以爲畜越此

必委質為藩臣世共貢職陛下以方寸之印丈二之組鎮撫方外不勞一卒不頓一戟而威德並行今以兵入其地此必震恐以有司為欲屠滅之也必雉兔逃入山林險阻背而去之則復相羣聚留而守之歷歲經年則士卒

罷倦食糧乏絶男子不得耕稼樹種婦人不得紡績絍丁壯從軍老弱轉餉居者無食行者無糧民苦兵事亡逃者必衆隨而誅之不可勝盡盜賊必起臣聞長老言秦之時嘗使尉屠睢擊越又使監祿鑿渠通

道越人逃入深山林叢不可得攻留軍屯守空地曠日引久士卒勞倦越出擊之秦兵大破乃發適戍以備之當此之時外內騷動百姓靡敝行者不還往者莫反皆不聊生亡逃相從群爲盜賊於是山東之難始興此老

子所謂師之所處荊棘生之者也兵者凶事一方有急四面皆從臣恐變故之生奸邪之作由此始也周易曰高宗伐鬼方三年而克之鬼方小蠻夷高宗殷之盛天子也以盛天子伐小蠻夷三年而後克言用兵之不可不重也

臣聞天子之兵有征而無戰言莫敢校也如使越人蒙徼幸以逆執事之顏行廝輿之卒有一不備而歸者雖得越王之首臣猶竊爲大漢羞之陛下以四海爲境九州爲家八藪爲囿江漢爲池生民之屬皆爲臣妾人徒之衆

足以奉千官之共租稅之收足以給乘輿之御玩心神明秉執聖道負黼衣馮玉几南面而聽斷號令天下四海之內莫不響應陛下垂德惠以覆露之使元元之民安生樂業則澤被萬世傳之子孫施之無窮天下之安猶

泰山而四維之也夷狄之地何足以為
一日之間而煩汗馬之勞乎詩云王猶
允塞徐方既來言王道甚大而遠方
懷之也臣聞之農夫勞而君子養焉
愚者言而智者擇焉臣安幸得為
陛下守藩以身為鄣蔽人臣之任也

邊境有警憂身之死而不畏其愚非忠臣也臣安竊恐將吏之以十萬之師爲一使之任也

長楊賦

揚雄字子雲蜀郡成都人也雄從至射熊館還上長楊賦

其辭曰子墨客卿問於翰林主人曰蓋

聞聖主之養民也仁霑而恩洽動不
爲身今年獵長楊先命右扶風左大
華而右褒斜椓巀嶭而爲弋紆南山
以爲罝羅千乘於林莽列萬騎於山
隅帥軍踤（作萃）阹（音祛）錫戎獲胡搤熊
羆拕豪豬木擁槍纍以爲儲胥此

天下之竆覽極觀也雖然亦頗擾于
農人三旬有餘其廑至矣而功不圖
恐不識者外之則以為娛樂之游內
之則不以乾豆之事豈為民乎哉且
人君以玄默為神澹泊為德今樂遠
出以露威靈數搖動以疲車甲本

非人主之急務蒙竊惑焉翰林主
人曰吁客何謂茲邪若客所謂知其
一未覩其二見其外不識其内也僕
嘗倦談不能一二其詳請略舉其
凡而客自覽其切焉客曰唯唯主人
曰昔有彊秦封豕其土窫軋窳音庾

其民鑿齒之徒相與磨牙而爭之豪俊麇沸雲擾羣黎爲之不康於是上帝眷顧高祖高祖奉命順斗極運天關橫巨海漂崐崘提劍而叱之所過麾城摲踈監切邑下將降旗一日之戰不可殫記當此之勤頭蓬

不暇梳飢不及餐鞮鍪生蟣蝨介
胄被霑汗以爲萬姓請命乎皇天
乃展民之所屈振民之所乏覲億載
悏帝業七年之間而天下寥如也
逮至聖文隨風乘流方垂意於至
寧躬服節儉綈衣不敝革鞜音沓皮履也

不穿大廈不居木器無文於是後宮賤瑇瑁而疏珠璣卻翡翠之飾除彫琢之巧惡麗靡而不近斥芬芳而不御抑止絲竹宴衎衍同之樂憎聞鄭衛幼要眇妙之聲是以玉衡正而太階平也其後熏鬻作虐東夷橫

叛羌戎睚眥閩越相亂遐氓為之

不安中國蒙被其難於是聖武勃

怒爰整其旅乃命驃衛汾沄沸渭

雲合電發猋（音標犬走也）騰波流機駭蠭

軼（音逸）疾如奔星擊如震霆砰轒轀

破穹廬腦沙幕（作漠）髓余吾（水名）遂躐

作獵乎王庭驅橐駝燒熐蠡音騾乾酪分剺
作黎單于磔裂屬國夷阬谷拔鹵莽
刊山石蹂尸輿廝係累老弱吮鋋瘢
耆金鏃滛夷者數十萬人皆稽顙
樹領扶服蛾伏二十餘年矣尚不敢
惕息夫天兵四臨幽都先加迴戈邪

指南越相夷靡節西征羌僰音逼東馳
是以遐方疏俗殊鄰絶黨之域自上
仁所不化茂德所不綏莫不蹻足抗
首請獻厥珍使海内澹然永無邊
城之災金華之患今朝廷純仁遵道
顯義并包書林聖風雲靡英華沉

浮洋溢八區普天所覆莫不沾濡士有不談王道者則樵夫笑之意者以為事罔隆而不殺物靡盛而不虧故平不肆險安不忘危時以有年出兵整輿諫戎振師五柞習馬長楊簡力狡獸校武票音漂疾也禽萃然

登南山瞰烏弋西厭月𧑅音窟 月所出東震
日域又恐後代迷於一時之事常以
此為國家之大務淫荒田獵陵夷
而不禦也是以車不安軔日未靡旃
從者彷彿骫作委屬而還亦所以奉
太宗之烈遵文武之度復三王之田

反五帝之虞使農不輟耰工不下機婚姻以時男女莫違出豈弟行簡易矜勉勞休力役見百年存孤弱卹與之同苦樂然後陳鐘鼓之樂鳴韶磬之和建碣磍音歷轄猛獸怒皃也之虡音矩懸鐘架戛擊鳴球掉八列之舞酌允鑠

肴樂胥聽廟中之雍雍受神人之福祜歌投頌吹合雅其勤若此故真神之所勞也方將俟元符以禪梁父之基增泰山之高延光于將來比榮乎往號比三五也豈徒欲遙覽浮觀馳騁稅稻之地周流梨栗之林蹂躪芻蕘

誇詡象廡蜮狖玃音又郭獸名也之收多麋

鹿之獲哉且盲者不見咫尺而離婁

燭千里之隅客徒愛胡人之獲我禽

獸曾不知我亦已獲其王侯言未卒

墨客降席再拜稽首曰大哉禮乎

允非小人之所能及也乃今日發矇

廓然已昭矣

解嘲

揚雄

其辭曰客嘲揚子曰吾聞上世之士人綱人紀不生則已生則上尊人君下榮父母析人之圭儋人之爵懷人之符分

人之祿紆青拖紫朱丹其轂今子幸
得遭明盛之世處不諱之朝與羣賢
同行歷金門上玉堂有日矣曾不能
畫一奇出一策上說人主下談公卿目如
曜星舌如電光壹從壹衡論者莫當
顧而作太玄五千文枝葉扶踈獨說十

餘萬言深者入黃泉高者出蒼天大
者含元氣纖者入無倫然而位不過
侍郎擢纔給事黃門意者玄得毋
尚白乎何爲官之拓落也楊子咲而應
之曰客徒欲朱丹吾轂不知一跌將赤
吾之族也往者周罔解結群鹿爭逸

離為十二合為六七四分五剖並為戰國士無常君國無定臣得士者富失士者貧矯翼厲翮恣意所存故士或自盛以橐或鑿坏以遁是故騶衍以頡亢而取世資孟軻雖連蹇猶為萬乘師今大漢左東海右渠搜前

番禺後陶塗東南一尉西北一候
徽以糾墨製以質鈇散以禮樂風
以詩書曠以歲月結以倚廬天下
之士雷動雲合魚鱗雜襲咸營
于八區家〻自以為稷契人〻自以
為咎繇戴縰垂纓而談者皆擬

於阿衡五尺童子羞比晏嬰與管
夷吾當塗者入青雲失路者委
溝渠旦握權則為卿相夕失勢則
為匹夫譬若江湖之雀勃解之鳥
乘鴈集不為之多雙鳧飛不為
之少昔三仁去而殷虛二老歸而

周熾子胥死而吳亡種蠡存而越伯五羖入而秦喜樂毅出而燕懼范雎以折摺而危穰侯蔡澤雖噤吟而笑唐舉故當其事也非蕭曹子房平勃樊霍則不能安當其無事也章句之徒相與坐而守之亦

無所患故世亂則聖哲馳騖而不足世治則庸夫高枕而有餘夫上世之士或解縛而相或釋褐而傅或倚夷門而笑或橫江潭而漁或七十說而不遇或立談間而封侯或枉千乘於陋巷或擁帚而先驅

是以士頗得信其舌而奮其筆窒隙蹈瑕而無所詘也當今縣令不請士郡守不迎師群卿不揖客將相不俛眉言奇者見疑行殊者辟是以欲談者宛舌而固聲欲行者擬足而投迹鄉使上世之士處乎今

策非甲科行非孝廉舉非方正獨可抗疏時道是非高潯待詔下觸閻羅又安得青紫且吾聞之也炎炎者滅隆隆者絶觀雷觀火為盈為實天收其聲地藏其熱高明之家鬼瞰其室攫拏者亡默默者

存位極者宗危自守者身全是故知玄知默守道之極爰清爰靜遊神之廷惟寂惟寞守德之宅世異事變人道不殊彼我易時未知何如今子乃以鴟梟而笑鳳皇執蝘蜓而嘲龜龍不亦病乎子徒笑我

玄之尚白吾亦咲子之病甚不遭臾跗扁鵲悲夫客曰然則靡玄無所成名乎范蔡以下何必玄哉揚子曰范雎魏之亡命也折脅拉齒免於徽翕扇蹈背扶服入橐激昂萬乘之主界涇陽抵穰侯而代之當

也蔡澤山東之匹夫也頷頤折頞涕淫流沫西揖強秦之相搤其咽吭其氣拊其背而奪其位時也天下已定之金革已平都於雒陽婁敬委輅脫輓掉三寸之舌建不拔之策舉中國徙之長安適也五帝三王

傳禮百世不易叔孫通起於枹鼓之間解甲投戈遂作君臣之儀濟也甫刑靡敝秦法酷烈聖漢權制而蕭何造律宜也故有造蕭何律於唐虞之世則誖矣有作叔孫通儀於夏殷之時則惑矣有逮婁

敬之策於成周之世則繆矣有談
范蔡之説於金張許史之間則狂
矣夫蕭規曹隨留侯畫策陳平
出奇功若泰山向若阺隤唯其人之
贍知哉亦會其時之可爲也故爲可
爲於可爲之時則從爲不可爲於不

可為之時則亾矣藺先生收功於章

臺四皓案禁於南山公孫創業於

金馬票騎發迹於祁連司馬長

卿竊訾於卓氏東方朔割名於細

君僕誠不能與此數公者並故默

然獨守吾太玄雄以為賦者將以風

之必推類而言極美麗之辭閎侈鉅衍競於使人不能加也既乃歸之於正然覽者已過矣往時武帝好神仙相如上大人賦欲以風帝反縹〻有淩雲之志由是言之賦勸而不止明矣又頗以俳優淳于髡優孟之

徒非法度所存賢人君子詩賦之正也於是輟不復爲

兩漢策要卷之六

兩漢策要卷之七

潛夫論

王符 字節信安定臨涇人少好學和安之後世務游宦更相薦引符獨耿介不得外進乃隱居著書以譏當時得失不欲章顯其名故號曰潛夫論

夫帝王之所尊敬者天也皇天之所愛育者人也今人臣受天之重位牧天之

所愛焉可以不安而利之養而濟之哉
故君子任職則思利人達上則思進賢
故居上而下不怨在前而後不恨也書
稱天工人其代之王者法天而建官故
明主不敎以私授忠臣不敢以虛受
竊人之財猶謂之盜況偷天官以私

許慶龍鎸

已乎以罪犯人必加誅罰況乃犯天得
無咎乎夫五世之臣以道事君澤及草
木仁被率土是以福祚流衍本支百
世季世之臣以諂媚主不思順天專
伏殺伐白起蒙恬秦以爲功天以爲
賊息夫董賢主以爲忠天以爲盜易

曰德薄而位尊智小而謀大鮮不及矣是故德不稱其禍必酷能不稱其殃必大夫竊位之人天奪其鑒雖有明察之資仁義之志一旦富貴則背親捐舊喪其本心疎骨肉而親便辟薄知友而厚犬馬寧有朽貫千

許慶龍鐫

萬而不忍貸人一錢情知積粟腐倉而不忍貸人一斗骨肉怨望於家細人謗讟於道前人以敗後爭襲之誠可傷也歷觀前政貴人之用心也與嬰兒何其異哉嬰兒有常病貴臣有常禍父母有常失人君有常過

嬰兒常病傷於飽也貴臣常禍傷於寵也哺乳多則生癇病富貴盛則致驕疾愛子而賊之驕臣而滅之者非一也極其罰者乃有仆死深牢銜刀都市豈非無功於天有害於人乎夫鳥以山爲埤而增巢其上魚

以泉為淺而穿穴其中卒所得者
餌也貴戚顧其宅吉而制為令名
欲其門堅而造作鐵樞卒其所以
敗者非苦禁忌少而門樞朽也常苦
崇財貨而行驕僭耳不上順天心下
育人物而欲任其私智竊弄君威

反戾天地欺誣神明居累卵之危而圖太山之安爲朝露之行而思傳世之功豈不惑哉

浮侈篇　王符

王者以四海爲家兆人爲子一夫不耕天下受其飢一婦不織天下受其

許慶龍鎸

寒今舉俗舍本農趨商賈牛馬車輿浮僞游手付於末業是則一夫耕百人食之一婦桑百人衣之以一奉百孰能供之天下百郡千縣市邑萬數類皆如此本末不足供則民安得不飢寒飢寒並至則民安能無姦宄

姦宄繁多則吏安能無嚴酷嚴酷
數加則下安能無愁怨愁怨者多則
咎徵並至下民無聊而上天降災則
國危矣夫貧生於富弱生於強亂
生於化危生於安是故明王之養民
憂之勞之教之誨之慎微防萌以斷

許慶龍鐫

其邪故易美節以制度不傷財不
害民七月之詩大小數之終而復始
由此觀之人國不可愙也昔孝文皇
帝躬衣弋綈革舃韋帶而今京師
貴戚衣服飲食車輿廬第奢過王
制國亦甚矣其嫁娶者車軿數里

緹帷竟道騎奴侍童夷轂並引富者競欲相過貧者恥其不逮一饗之費破終身之業古者必有命然後乃得衣繒絲而乘車馬今雖不能復古宜令細民略用孝文之制古者墓而不墳中世墳而不崇仲尼喪母

冢高四尺遇雨而崩弟子請修之夫子泣曰古不修墓及鯉也死有棺而無槨文帝葬芷陽明帝葬洛南皆不藏珠寶不起山陵墓雖卑而德最高今京師貴戚郡縣豪家生不極養死乃崇喪或至金縷玉匣檽梓

梗柟多埋珎寶偶人車馬造起大塚廣種松栢廬舍祠堂務崇華侈按鄗畢之陵南城之冢周公非不忠曾子非不孝以爲襃君愛父不在於聚財揚名顯親無取於車馬昔晉靈公多賦以雕墻春秋以爲非君華

元樂舉厚葬文公君子以爲不臣況於群司士庶乃可僭侈主上過天道乎

實貢篇

王符

國以賢興以諂衰君以忠安以佞危此古今之常論而時所共知也然而衰國危君繼踵不絕者豈時無忠信正直

之士哉誠苦其道不行耳夫十步之
間必有茂草十室之邑必有忠信是
故亂殷有三仁小衛多君子今以大漢
之廣土士民之繁庶朝廷之清明上
下之脩正而官無善吏位無良臣此
豈時之無賢諒由取之乖實夫忠[誌]

許慶龍鐫

道者少與逐俗者多疇是以朋黨
用私背實趍華其貢士者不復依
其質榦准其才行但虛造聲譽妄
生羽毛略計所舉歲且二百覽察其
狀則德侔顔冉詳覈厥能則鮮及
中人皆總務升官自相推達夫士者

貴其用也不必求備故四友回賜師由孔子曰邱得四友其能不同也雖義能不相兼三仁齊政事不一節高祖佐命出自亡秦光武得士亦資暴莽況太平之時而云無士乎夫明君之詔也若聲忠臣之和也如響長短小大清濁疾徐必相應也且攻玉

以石洗金以鹽[illegible]濯錦以魚涴布以灰夫物固有以賤理貴以醜化好者矣智者棄短取長以致其功今使貢士必覈以實其有小疵勿彊衣飾出處語默各因其方則蕭曹周韓之論命何已之不致吳鄧梁竇之屬企踵

可待孔子曰未之思也夫何遠之有

愛日篇　　王符

國之所以爲國者以有民也民之所以爲民者以有穀也穀之所以豐殖者以有民功也功之所以能建者日力也化國之日舒以長故其民閒暇而力

許慶龍鐫

有餘亂國之日促以短故其民用務而力不足舒長者非謂羲和安行乃君明民靜而力有餘也促短者非謂分度損減乃上闇下亂力不足也孔子謂既庶則富之既富乃教之是故禮義生於富足賊盜起於貧窮富

乏之生於寬暇貧窮起於無日聖人
深知力者民之本國之基也故務省
繇役使之愛日是以堯勅羲和欽若
昊天敬授民時明帝時公車以反
支日不受章奏帝聞而怪曰民廢
農桑遠來詣闕而復拘以禁忌豈

許慶龍鐫

爲政之意乎於是遂蠲其制令寬民仰希中訴而令長以神難見如神自畜百姓癈農桑而趍府庭者相續道路非朝餔不得通非意氣不得見或連日累月更相瞻視或轉請鄰里饋粮應對歲功既虧天下豈無受其飢

者乎孔子曰聽訟吾猶人也從此言
之中才以上之議曲直鄉亭部夫（吏）亦
有任決斷者而類多枉曲蓋有故焉
夫理直則恃正而不撓事曲則諭（諂）意
以行賕不撓故無恩於吏行賕故見（吏以應坐之）
私於法若事有反覆吏應坐之故

不得不枉之於廷以羸民之少黨而與豪吏對訟其勢得無屈乎縣丞（掾）吏言故與之同罪事有反覆縣亦應（縣以應坐之）坐之故而排之於郡以一民之輕而與一縣為訟其理豈得申乎事有反覆郡亦坐之郡以共坐之故排之於

州以一民之輕與一郡爲訟其事豈獲勝乎正士懷怨結而不見信猾吏崇姦宄而不被坐此小民所以易侵苦而天下所以多困窮也

述赦篇　王符

凡療病者必知脈之虛實氣之所結

然後爲之方故疾可愈而壽可長也爲國者必先知民之所苦禍之所起然後爲之禁故姦可塞而國可安也今日賊良民之甚者莫大於數赦贖赦贖數則惡人昌而善人傷矣何以明之哉夫謹敕之人身不蹈非又有

爲吏正直不避强禦而姦猾之黨横加誣言者皆知赦之不久故也善人君子被侵怨而能至闕庭自明者萬無數人數人之中得省問者百不過一既對尚書而空遣去者復什六七矣其輕薄姦宄既陷罪法怨毒之

許慶龍鐫

家兾其辜戮以解畜憤而反槩悉
蒙赦釋令惡人高會而誇咤老盜
厭贓而過門孝子見讎而不得誅（討）遭
盜者覩物而不敢取痛莫甚焉夫
養稂莠者傷禾稼惠姦宄者賊
良民書曰文王作罰刑茲無赦先王

之制刑法也非好傷人肌膚斷人壽
命貴戚姦懲惡除民害也故經稱
天命有德五服五章哉天討有罪
五刑五用哉詩刺彼宜有罪汝反脫
之古者唯始受命之君承大亂之極
寇賊姦宄難為法禁故不得不有

許慶龍鐫

一赦與之更新顯育萬民以成大化非以養姦活罪放縱天賊也夫性惡之民民之豺狼雖得放宥之澤終無改悔之心旦脱重梏夕還囹圄嚴明令尹不能使其斷絶何也凡赦爲大姦者才能有過於衆而能自媚於上者

也多蔽誕浮之財奉以諂諛之辭以轉相驅非有第五公之廉直孰不爲顧哉論者多曰久不赦則姦宄熾而吏不制宜數肆眚以解散之此未昭政亂之本源不察禍福之所生也

昌言論二首

仲長統

字公理山陽高平人舉爲尚書郎論古今及時俗行事故發憤著損益法誡二篇

損益篇

作有利於時制有便於物者可爲也事有乖於數法有翫於時者可改也故行於古有其迹用於今無其功者不

可不變變而不如前易而多所敗者亦不可不復也漢之初興分王子弟委以士民之命假以生殺之權於是驕逸自恣志意無厭極魚肉百姓以盈其欲報蒸骨血以快其情上有篡叛不軌之姦下有暴亂殘賊之害雖藉

親屬之恩蓋源流形勢使之然也時政彫敝風俗移易純樸已去智惠[慧]已來出於禮制之防放於嗜欲之域久矣固不可授之以柄假之以資者也是故收其奔世之權校其從橫之勢善者早登否者早去故下土無壅滯之

士國朝無專貴之人此變之善可遂
行者也井田之變豪人貨殖館舍布
於州郡田畝連於方國身無半通
青綸之命而竊三辰龍章之服不
為編戶一伍之長而有千室名邑之
役榮樂過於封君勢力侔於守令

許慶龍鐫

財賂自營犯法不坐刺客死士爲之投命至使弱力少智之子被穿帷敗寄死不斂寃枉窮困不敢自理雖亦由罔禁踈闊蓋分田無限使之然也今欲張太平之紀綱立至化之基趾齊民財之豐寡正風俗之奢儉非井田實

莫由也此變有所敗而宜復者也制
國以分人主政以分事人遠則難繆事
總則難了今遠州之縣或相去數百千
里雖多山陵洿澤猶有可居人種穀
者焉當更制其境界使遠者不過
二百里明版籍以相數閱審什伍以

許慶龍鐫

相連持限夫田以斷兼并定五刑以
救死亡益君長以興政理急農桑以
豐委積去末作以一本業敦教學以
移性情表德行以厲風俗覈才埶（蓺）
以敘官宜簡精悍以習師田修武器
以存守戰嚴禁令以防僭差信賞

罰以驗懲勸糾游戲以杜姦邪察
苛刻以絕煩暴此十六者以爲政務
操之有常課之有限安靜勿懈惰有
事不迫遽聖人復起不能易也夫人
待君子然後化理國待畜積乃無憂
患君子非自農桑以求衣食者也畜

積非横賦歛以取優饒者也奉禄誠厚則劊剥貿易之罪乃可絶也畜積誠多則兵寇水旱之災不乏苦也由其道而行之民不爲奢由其道而取之民不爲勞天災流行開倉庫以廩貸不亦仁乎衣食有餘損靡麗以散施

不亦義乎彼君子居位為士民之長固宜重肉累帛朱輪四馬今反謂薄屋者為髙藿食者為清既失天地之性又開虛偽之名使小智居大位庶績不咸熙未必不由此也得拘絜而失才能非立功之實也以廉舉而以貪去非士

君子之志也夫選用必取善士善士富
者少貧者多祿不足以供養安能
不少營私門乎從而罪之是設機置阱
以待天下之君子也

法誡篇

周禮六典冢宰貳王而理天下春秋

之時諸侯明德者皆一卿爲政爰及戰國亦皆然也秦兼天下則置丞相貳之以御史大夫自高帝逮于孝成因而不改多終其身漢之隆盛是惟在焉夫任一人則政專任數人則相倚政專則和諧相倚則違戾和諧則太

平之所興也違戾則荒亂之所起也光武皇帝慍數世之失權忿強臣之竊命矯枉過直政不任下雖置三公事歸臺閣自此以來三公之職備員而已然政有不理猶加譴責而權移外戚之家寵被近習之竪親其黨類用其私人

内充京師外布列郡顛倒賢愚貿易選舉疲駑守境貪殘牧民撓擾百姓忿怨四夷招致叛亂離斯瘼怨氣並作陰陽失和三光虧缺乖異數至蟲螟食稼水旱爲災此皆戚宦之臣所致然也反以策讓三公至

於死免乃是叫呼蒼天號咷泣血者
也又中世之選三公也務於清慤謹慎
循常習故者是婦女之檢押鄉里之
常人耳惡足以居斯位邪勢既如此
選又如此而欲望三公勳立於國家績
加於生民不亦遠乎昔文帝之於鄧

道可爲至愛而猶展申屠嘉之志夫
見任於此則何患於左右小臣哉至如
近世外戚宦豎請託不行意氣不滿
立能陷人於不測之禍惡可得彈正
者哉曩者任之重而責之輕今者任
之輕而責之重昔賈誼感絳侯之困辱

許慶龍鐫

因陳大臣廉恥之分開引自裁之端自此以来遂以成俗繼世之主生而見之習其所常曾莫之悟嗚呼可悲夫左手據天下之圖右手刎其喉愚者猶知難之況明哲君子乎光武奪三公之重至令而加甚不假后黨以權數世

而不行蓋親疏之勢異也毋后之黨
左右之人有此至親之勢故其位任萬
世常然之敗無世而無之莫之斯鑑亦
可痛矣未若置丞相自總之若委三公
則宜分任責成夫使為政者不當與之
婚姻婚姻者不當使之為政也如此任注

位病人舉用失賢百姓不安爭訟不息天地多變人物多妖然後可以分此罪矣

崇厚論

朱穆 字公叔桓帝時舉為侍御史常感時澆薄慕尚敦篤乃作此論

夫俗之薄也有自來矣故仲尼嘆曰大

道之行也而卽不與焉蓋傷之也夫道者以天下爲一在彼猶在己也故行違於道則愧生於心非畏義也事違於理則負結於意非憚禮也故率性而行謂之道得其天性謂之德德性失然後貴仁義是以仁義起而道德遷

禮法興而淳樸散道德以仁義為薄淳樸以禮法為賊也夫中世之所敦已為上世之所薄況又薄於此乎故夫天不崇大則覆幬不廣地不深厚則載物不博人不敦庬則道數不遠昔在仲尼不失舊於原壤楚莊

不忍章於絶纓由此觀之聖賢之德敦矣老氏之經曰大丈夫處其厚不處其薄居其實不居其華故去彼取此夫時有薄而厚施行有失而惠用故覆人之過者敦之道也救人之失者厚之行也往者馬援深昭此道可

以爲德誠其兄子曰吾欲汝曹聞人之過如聞父母之名耳可得聞口不可言斯言要矣故時敦俗美則小人守正利不能誘也時否俗薄雖君子爲邪義不能止也是以虛華盛而忠信微刻薄稠而純篤稀斯

蓋谷風有棄子汙之歎伐木有鳥鳴之悲矣

政論

崔寔字子真明於政體論當世便事數十條名曰政論仲長統曰凡爲人主寫一通置之坐側

自堯舜之帝湯武之王皆賴明哲之

佐博物之臣故皐陶陳謨而唐虞以興伊箕作訓而殷周用隆及繼體之君欲立中興之功者曷嘗不賴賢哲之謀乎凡天下所不理者常由人主承平日久俗漸澈而不悟政寖衰而不改習亂安危性不自覩或荒

耽嗜欲不恤萬機或耳敝箴誨厭偽忽真或猶豫歧路莫適所從或見信之佐括囊守祿或踈遠之臣言以賤廢是以王綱縱弛於上知士鬱伊於下悲夫漢興以来三百五十餘歲政令垢翫上下怠懈風俗彫弊人

庶巧僞百姓囂然咸思中興之救矣且濟時拯世之術豈必體堯蹈舜然後乃理哉期於補綻鈌壞枝柱邪傾隨刑（形）戮（裁）割要措斯世於安寧之域而已故聖人執權遭時定制步驟之差各有云設不彊人以不能背急切而

慕所聞也蓋孔子對葉公以來遠哀公以臨人景公以節禮非其不同所急異務也是以受命之君每轉創制中興之主亦匡時失昔盤庚愍殷遷都易民周穆有闕甫侯正刑俗人拘文牽古不達權制奇偉所聞

簡忽所見惡可與論國家之大事
哉今既不能純法八世故宜參以霸
政霸政則宜重賞深罰以御之明
著法術以檢之自非上德嚴之則理
寬之則亂何以明其然也近孝宣皇
帝明於君人之道審於為政之理故

嚴刑峻法破姦宄之膽海內肅清天下密如薦勳祖廟尊號中宗筭計見効優於孝文及元帝即位多行寬政卒以惰損威權始奪遂爲漢室基禍之主昔孔子作春秋襃齊桓而懿晉文歎管仲之功夫豈不美文

武之道哉誠達權救敝之理也故聖人能與世推移而俗士苦不知變以為結繩之約可復理亂秦之緒干戚之舞足以解平城之圍夫刑罰者治亂之藥石也德教者興平之粱肉也夫以德教除殘是以粱肉理疾也以刑

罰理平是以藥石供養也方今承百王之敝值厄運之會自數世以来政多恩貸馭委其轡馬駘(駘)其銜四牡横奔皇路險傾方將柑(鉗)勒(勒)鞬輈以救之豈暇鳴和鑾請(清)節奏哉必欲大定其本使人主師五帝而式三王

盪亡秦之俗遵先聖之風棄苟全之政蹈稽古之蹤復五等之爵立井田之制然後選稷契為佐伊呂為輔作樂而鳳皇儀擊石而百獸舞若不然則多為累而已

兩漢纂要卷之七

兩漢策要卷之八

賢良策

申屠剛字巨卿，扶風茂陵人也。平帝時，王莽專朝，隔絶帝外家馮衛二族，不得交宦。剛因對策言之。

臣聞王事失則神祇怨怒，姦邪亂正，故陰陽謬錯。此天所以譴告王者，欲令失道之君曠然覺悟懷邪之臣懼然自刻者也臣聞成王幼少周公攝政聽言下賢均權布寵無舊無新惟仁是親動順天地舉措不失然近則召公不悅遠則四國流言夫子母之性天道至親今聖主幼少始

免襁褓即位以來至親分離外戚杜隔恩不得通且漢家之制雖任英賢猶援姻戚親疏相錯杜塞閒隙誠所以安宗廟重社稷也今使之保傅非古之周公周公至聖猶尚有累何況事失其衷不合天心者哉昔周公先

遣伯禽守封於魯以義割恩寵不加
後故配天郊祀三十餘世霍光秉政
輔翼少主修善進士名爲忠直而尊
其宗黨摧抑外戚結貴據權至堅
至固終後之後受禍滅門王者承天
順地典爵主刑不敢以天官私其宗

不敢以大罰輕其親陛下宜遂聖明
之德昭然覺悟遠術〔述〕帝王之迹近遵
孝文之業差五品之屬納至親之序以
抑禍患之端上安社稷下全保傅內和
親戚外絶邪謀

詣闕拜奏異章

郎顗 字雅光北海安邱人也順帝時災異屢見公車徵顗乃詣闕拜章

臣聞天垂妖象地見災符所以譴告人主責躬脩德使正機平衡流化興政也易內傳曰凡災異所生各以其政變之則除削[消]之亦除伏惟陛下躬日昃之聽溫三省之勤思過念咎務消

祇悔方今時俗奢侈淺息薄義夫
救奢必於儉約拯薄無若敦厚安
上理人莫善於禮脩禮遵約蓋惟
上興華文變薄事不在下故周南之
德關雎政本本立道生風行草從
澄其源者流清溷其本者末濁天

地之道其猶鼓籥以虛爲德自近及遠者也伏見往年以来園陵數災炎光熾猛驚動神靈易天人應曰君子不思遵利兹謂無澤厥災孼火燒其宮又曰君高臺府犯陰侵陽厥災火又曰上不儉下不節炎火並作燒

君室自須繕理西苑修復大學宮
殿官府多所構飾昔盤庚遷殷
去奢即儉夏后卑室盡力致美又
魯人爲長府閔子騫曰仍舊貫何
必改作臣愚以爲諸繕修事可省減
稟卹貧人賑贍孤寡此天之意也

人之慶也仁之本也儉之要也焉有應天養人為仁為儉而不降福者哉夫賢者仁之本雲者雨之具也得賢而不用猶久陰而不雨也三公上應台階下同元首政失其道則陰寒反節節彼南山詠自周詩股肱良哉

著于舜典今之在位競託高虛納
累鍾之奉忘天下之憂棲遲偃仰寢
疾自逸被策文得賜錢即復起矣
何疾之易而愈之速以此消伏災青
興致升平其可得乎今選舉牧守
委任三府長吏不良既咎州郡州郡

有失豈得不歸責舉者而陛下崇
之彌優自下慢事愈甚所謂大綱疎
小綱數三公非臣之仇臣非狂夫之作所
以發憤忘食懇懇不已者誠念朝廷
欲致興平非不能面譽也

又條對便宜事

臣聞天道不遠三五復反（三正五行也）今年少陽之歲法當乘起恐後年已往將遂驚動涉歷天門災成戊巳（戊亥之間為天門也）今春當旱夏必有水臣以六日七分候之可知夫青災之来緣類而應行有玷缺則氣逆於天精感變出以戒人君王者之

義時有不登則損滋徹膳數年以
来穀收稍減家貧戶饉歲不如昔百姓
不足君誰與足之水旱之災雖尚未至
然君子遠覽防微慮萌老子曰人
之飢也以其上食稅之多也故孝文皇
帝綈袍革舄木器無文約身薄賦

時政升平今陛下龍德中興宜遵前
典惟節惟約天下幸甚易曰天道
無親常與善人是故高宗以享福
宗景以延年

又對臺詰辭

臺詰顗曰對云白虹貫日政變常也

朝廷率由舊章何以變易而言變
常又言當大蠲法令革易官號或
云變常以致災或改變除異何也
又陽嘉初建復欲改元據何經典其
以實對對曰方春東作布德之元陽
氣開發導養萬物王者因天視聽

奉順時氣宜務崇温柔遵其行令而今立春之後考事不息秋冬之政行乎春夏故白虹春見掩蔽日曜凡邪氣乘陽則虹蜺在日斯在臣下執事刻急所致殆非朝廷優寬之本此其變常之咎也又令（泠）選舉皆歸

三司非有周召之才而當則哲之重每有選用輙參之掾屬公府門巷賓客填集送去迎来財貨無已其當還者競相薦謁各遣子弟充塞道路開長姦門興致浮僞非所謂率由舊章尚書職在機衡宮禁嚴密私曲

之意差不得通偏黨之恩或無所用
選舉之任不如還在機密臣誠愚戆
不知折中斯固遠近之論當今之宜
又孔子曰王者之法譬猶江河當使
易避而難犯也易曰易則易知簡則
易從易簡而天下之理得矣今去奢

即儉以先天下改易名号隨事稱謂
易曰君子之道或出或處同歸殊塗
一致百慮是知變常而善可以除災
變常而惡必致於異今年仲意［竟］来年
入季仲終季始歷運變改故可改元
所以順天道也

又薦黄瓊李固書

臣聞刳舟剡楫將欲濟江海也聘賢選佐將以安天下也昔唐堯在上羣龍爲用文武創德周召作輔是以能建天地之功增日月之輝者也詩云赫赫王命仲山甫將之邦國若否仲山甫明

之宣王是賴以致雍熙陛下踐祚巳來勤心庶政而三九三公九卿之位未見其人是以災害屢臻四國未寧臣考之國典驗之聞見莫不以得賢為功失士為敗且賢者出處翔而後集壽以德進則其情不苟然後使君子恥貧

賤而樂富貴矣若有德不報有言
不讎來無所樂進無所趨則皆懷歸
藪澤脩其故志矣夫求賢者上以承天
下以為人不用之則逆天統違人望逆
天統則災眚降違人望則化不行災
眚降則下呼嗟化不行則君道虧四

始之缺五際之危其咎由此臣伏見江夏
黃瓊耽道樂術清正自然被褐懷寶
含味經籍又果於從政明達變復朝
廷前加恩寵賓于上位瓊入朝日淺
謀謨未就因以喪病致命遂志天
下莫不嘉朝廷有此良人而復怪其不

時還在陛下宜加隆崇之恩極養賢
之禮徵反京師以慰天下又處士李
固年四十通游夏之蓺履顏閔之仁
潔白之節情同皦日忠貞之操好是
正直卓冠古人當世莫及元精所生
王之佐臣天之生固必為聖漢宜蒙

時徵以示四方夫有出倫之才不應限以官次昔顔子十八天下歸仁子奇穉齒化阿有聲子奇齊人年十八為阿邑宰若還瓊徵固任以時政伊尹傅說不足為比則可垂景光致休祥矣

薦伏湛疏湛字惠公琅邪東武人也武帝時南陽太守杜詩薦湛

臣竊見故大司徒陽都侯伏湛自行
束脩訖無毀玷經爲人師行爲儀表
前在河内朝歌及居平原吏人畏愛
則而象之遭時反覆不離兵凶秉節
持重有不可奪之志陛下深知其能顯
以宰相之重衆賢百姓仰望德義

徽過斥退久不復用有識所惜儒士痛心臣竊傷之湛容額堂堂國之光輝知略謀慮朝之淵藪鬚髮屬志白首不衰實足以先後王室名足以光示遠人古者選擢諸侯以為公卿是故四方回首仰望京師柱石之臣宜

居輔弼出入禁門補闕拾遺臣詩愚戇不足以知宰相之材竊懷區區敢不自竭

貢舉議

韋彪 字孟達扶風平陵人也建初二年陳事者多言郡國貢舉率非功次故守職益懈吏事寖略咎在州郡彪上議焉

伏惟明詔憂勞百姓垂恩選舉務得
其人夫國以簡賢爲務賢以孝行爲首
孔子曰事親孝故忠可移於君是以
求忠臣必於孝子之門夫人才行少能
相兼是以孟公綽優於趙魏老不可
以爲滕薛大夫忠孝之人持心近厚

鍛練之吏持心近薄三代之所以直道而行者在正其所以磨之故也士宜以才行爲先不可純以閥閱明其等曰閥積其功曰閱然其要歸在於選二千石二千石賢則貢舉皆得其人矣

又上置官選職疏

天下樞要在於尚書（尚書）之選豈可不重而閒者多從郎官超升此位雖曉（譊）習文法長於應對然察察小慧無大能宜簡常歷州宰素有名者雖進退舒遲時有不逮然端心向公奉職周密宜鑒畫夫捷急之對深思

絳侯木訥之功也又諫議之職應用公直之士通才謇正有補益於朝者其二千石視事雖久而為吏民所便安者宜增秩重賞勿妄遷徙推留聖心

諫疏

杜喬 字叔榮河內人也桓帝時遷大司農梁冀子弟五人無功並封喬上書

諫焉

臣聞古之明君褒罰必以功過末世闇

主誅賞各緣其私今梁氏一門宦者

微孽並帶無功之紱裂勞臣之土其爲

乖濫胡可勝言夫有功不賞爲善

失其望姦回不語詰爲惡肆其凶故陳

資荅而人靡畏班爵祿而物無勸苟遂斯意豈但傷政爲亂而已喪身亡國可不慎哉

復肉刑議

孔融 字文舉獻帝時將作大匠時論者多欲復肉刑融乃建議

古者敦厖善否不別吏端刑清政無

過失百姓有罪皆自取之末世陵遲風
化壞亂政撓其俗法害其人故曰上
失其道民散久矣而欲繩之以古刑
投之以殘棄非所謂與時消息者也
紂斮朝涉之脛天下謂爲無道夫九
牧之地千八百君若各刖一人是下常

有千八百紂也求俗休和弗可得也且被刑之人慮不念生志在思死類多趍惡莫復歸正雖忠如鸞權信如卞和智如孫臏寬如巷伯才如史遷達如子政（劉向字也）一離刀鋸沒世不齒是太甲之思庸穆公之霸秦南睢之骨立衛武之

初筵陳湯之都賴魏尚之守邊無所復施也漢開改惡之路凡爲此也故明德之君遠度深推棄短從長不苟革其政者也

薦吳良疏

字大儀齊國臨淄人初爲郡吏驃騎將軍東平王蒼辟爲西曹甚相敬乃薦之

東平王蒼

臣聞為國所重必在得人報恩之義莫大薦士竊見臣府西曹掾齊國吳良資質敦固公方廉恪躬儉安貧白首一節又治尚書學通師法經任博士行中表儀宜備宿衞以輔聖政臣蒼榮寵絕矣憂責深大私慕

公叔同升之義懼於臧文竊位之罪敢秉愚瞽犯冒嚴禁

上時政疏

桓譚 字君山拜議郎給事中因上疏陳時政所宜

臣聞國之廢興在於政事政事得失由乎輔佐輔佐賢明則俊士充朝而理合

世務輔佐不明則論失時宜而舉多過事夫有國之君俱欲興化建善然而政道未理者其所謂賢者異也昔楚莊王謂孫叔敖曰未得所以為國是也叔敖曰國之有是眾所惡也恐王不能定也王曰不定猶在君亦在臣乎

對曰君驕士曰士非我無從富貴士驕君曰君非士無從安存人君或至失國而不悟士或至飢寒而不進君臣不合則國是無從定矣莊王曰善願相國與諸侯大夫共定國是也蓋善政者視俗而施教察失而立防威

德更興文武迭用然後政調於時而躁人可定昔董仲舒言理國譬若琴瑟其不調者則解而更張夫更張難行而拂衆者亡是故賈誼以才逐而晁錯以智死世雖有殊能而終莫敢談者懼於前事也且設法禁者非能盡

塞天下之姦皆合衆人之所欲也大抵取便國利事多者則可矣夫張官置吏以理萬人懸賞設罰以別善惡惡人誅傷則善人蒙福矣今人相殺傷雖已伏法而私結怨讎子孫相報後忿深前至於滅戶殄業而俗稱豪

健故雖有怯弱猶強而行之此謂聽人自理而無復法禁者也又夫理國之道舉本業而抑末利是以先帝禁人二業錮商賈不得官為吏此所以抑兼并長廉恥也今富商大賈多於錢貨中家子弟為之保役趍走與臣僕

等勤收稅與封君比入是以衆人慕效不耕而食至乃多通侈靡以淫耳目今可令諸商自相糾告若非自身力所得皆以歲畀告者如此則專役一己不敢以貨與人事寡力弱必歸功田畝田畝修則穀入多而地力盡矣

又見法令決事輕重不齊或一事殊法同罪異論姦吏得因緣爲市所欲活則出生議所欲陷則與死比是爲刑開二門也今可令通義理明法律者校定科比一其法度頒下郡國蠲除故條如此天下方知而獄無寃濫矣

復上時政疏

凡人情忽於見事而貴於異聞先王之所記述咸以仁義正道爲本非有奇怪虛誕之事蓋天道性命聖人所難言也自子貢以下不得而聞況後世淺儒能通之乎今諸巧慧

小才伎數之人增益圖書矯稱讖記
以欺惑貪邪謠誤人主焉可不抑遠
之哉臣譚伏聞陛下窮折方士黃白
之術甚爲明矣而乃欲聽納讖記又
何誤也其事雖有時合譬猶卜數
隻偶之類陛下宜垂明聽發聖意

屛羣小之曲說述五經之正議略雷同之俗語詳通人之雅謀又臣聞安平則尊道術之士有難則貴介冑之臣今聖朝興復祖統爲人臣主而四方盜賊未盡歸伏若此權謀未得也

兩漢策卷之八 終